LA APORÍA DESCOLONIAL

Releyendo la tradición crítica de la crítica literaria latinoamericana. Los casos de Antonio Cornejo Polar y Ángel Rama

Romina Pistacchio

Nexos y Diferencias

Estudios de la Cultura de América Latina

51

Enfrentada a los desafíos de la globalización y a los acelerados procesos de transformación de sus sociedades, pero con una creativa capacidad de asimilación, sincretismo y mestizaje de la que sus múltiples expresiones artísticas son su mejor prueba, los estudios culturales sobre América Latina necesitan de renovadas aproximaciones críticas. Una renovación capaz de superar las tradicionales dicotomías con que se representan los paradigmas del continente: civilización-barbarie, campo-ciudad, centro-periferia y las más recientes que oponen norte-sur y el discurso hegemónico al subordinado.

La realidad cultural latinoamericana más compleja, polimorfa, integrada por identidades múltiples en constante mutación e inevitablemente abiertas a los nuevos imaginarios planetarios y a los procesos interculturales que conllevan, invita a proponer nuevos espacios de mediación crítica. Espacios de mediación que, sin olvidar los nexos que histórica y culturalmente han unido las naciones entre sí, tengan en cuenta la diversidad que las diferencia y que existe en el propio seno de sus sociedades multiculturales y de sus originales reductos identitarios, no siempre debidamente reconocidos y protegidos.

La colección Nexos y Diferencias se propone, a través de la publicación de estudios sobre los aspectos más polémicos y apasionantes de este ineludible debate, contribuir a la apertura de nuevas fronteras críticas en el campo de la cultura de América Latina.

LA APORÍA DESCOLONIAL

RELEYENDO LA TRADICIÓN CRÍTICA DE LA CRÍTICA LITERARIA LATINOAMERICANA. LOS CASOS DE ANTONIO CORNEJO POLAR Y ÁNGEL RAMA

Romina Pistacchio

© Iberoamericana, 2018
Amor de Dios, 1 – E-28014 Madrid
Tel.: +34 91 429 35 22
Fax: +34 91 429 53 97

© Vervuert, 2018
Elisabethenstr. 3-9 - D-60594 Frankfurt am Main
Tel.: +49 69 597 46 17
Fax: +49 69 597 87 43

info@iberoamericanalibros.com
www.iberoamericana-vervuert.es

ISBN 978-84-16922-98-7 (Iberoamericana)
ISBN 978-3-95487-716-4 (Vervuert)
ISBN 978-3-95487-717-1 (e-book)

Diseño de cubierta: Rubén Salgueiros

Ilustración de cubierta: *Escultura Éxodo III* de Mario Irarrázabal. Fotografía de Fernando Maldonado.

Depósito legal: M-14049-2018

The paper on which this book is printed meets the requirements of ISO 9706

Este libro está impreso íntegramente en papel ecológico sin cloro
Impreso en España

Contenido

Agradecimientos

Quiero agradecer intensa y fundamentalmente a mi compañero Andrés Mitnik, quien paciente, inteligente y amorosamente me ha acompañado en este largo y complejo proceso. Sin él este proyecto no hubiese llegado a concretarse. Quiero agradecer a mi familia, a mis padres Enzo y Ana María y a mis potentes hermanas Camila, Fabiana, Anna y Simona. A mis preciosos Luna y Bruno. A mis abuelas Elena y Margarita, y a cada uno de los miembros de mi familia extendida.

Por supuesto a mi *Entourage*, por ser mi familia escogida durante todos estos años y para siempre. Por el honor de los debates y el placer de los calambres. Por el amor. También a *La Residencia* extendida, a mis amigas, por mostrarme en cada una de sus vidas los desafíos de las mujeres hoy.

A mis maestros, como siempre. Me llevo de ustedes todo y cuanto sé. Catalina Morales, David Wallace, Grínor Rojo, Doris Sommer, Jacques Lezra, Mary Louise Pratt. A Mary, por todos estos años, el gran apoyo, la confianza y la fe.

A todos y cada uno de mis estudiantes estadounidenses y chilenos. Gracias a ellos ha tenido sentido este trabajo, porque en sus rostros y sus palabras, lo que estudiamos y escribimos, se vuelve útil y real.

A todos mis amig@s y lectores. A todos cuantos conocí en Nueva York y los que me esperaron en Chile. A Felipe Martínez, por su lectura en la Isla de enfrente. A Ramón Urzúa, a Sarah Thomas, Eunha Choi, Amaury Sosa, Carlos Padrón, Lourdes Dávila y Patricio Orellana. Gracias por sus lecturas, gracias por sus ideas. A mi querida *Crítica*

Latinoamericana, por todos, todos esos días y noches de conversaciones y discusión.

También quiero agradecer a quienes me ayudaron a hacer posible y concretar este proyecto. A los profesores que me apoyaron en mi llegada a Estados Unidos. Luis Cárcamo-Huechante, Brad Epps, Doris Sommer, Gabriela Basterra, Jacques Lezra y Mary Louise Pratt. Al Departamento de Español y Portugués, a la Escuela Graduada de NYU. Al Centro de Estudios Literarios Antonio Cornejo Polar (CELACP) de Lima, y en su nombre a Gonzalo Cornejo Soto. A todos a quienes me concedieron su tiempo y saber en varias entrevistas que profundizaron este trabajo. A Beatriz Sarlo, Grínor Rojo, Nelson Osorio y, en especial, a doña Cristina Soto por su afectuoso recibimiento en Lima.

Finalmente a quienes hicieron posible la existencia material de este libro que hoy presentamos. A mi primera editora Daniela Henríquez. A la querida maestra Soledad Bianchi. A la Editorial Iberoamericana/ Vervuert y en su nombre a Simón Bernal, Anne Wigger y Klaus D. Vervuert por creer en este proyecto. Sobre todo a mis entrañables amigas, artistas, lectoras y confidentes Fernanda González, Loreto Contreras y Valentina Marchant.

Un agradecimiento especial al fotógrafo Fernando Maldonado quien registró la escultura que abre elocuentemente la lectura de este libro. Al gran artista que a mano desnuda formó esta escultura, el maestro Mario Irrarázabal.

A los muertos sobre todo.
A Paloma y Amapola.

Introducción

Durante los últimos años hemos sido testigos de un amplio movimiento que se propone repensar y transformar las maneras en que hasta ahora hemos comprendido las relaciones humanas y los modos en que estas se articulan con el poder. Este fenómeno de inquietud y búsqueda, que se ha manifestado concretamente en la crisis del capitalismo global (globalizante), en el generalizado cuestionamiento de la lógica del (neo)imperialismo y el fuerte debate sobre la hegemonía entre lo universal y lo local, ha exigido con fuerza inusitada reconsiderar la idea de la comunidad y lo colectivo.

Bajo la premisa de que la tradición crítica de la crítica literaria latinoamericana constituyó en el pasado —y aún en el presente— una modalidad de comunidad compleja y sugerente, pero a la vez, se situó como un territorio que convoca permanentemente a la reflexión sobre lo colectivo, es necesario examinar y analizar su historia desde los años sesenta hasta hoy, utilizando como casos representativos de esa trayectoria los trabajos de Antonio Cornejo Polar y Ángel Rama.

Desde los sesenta, la tradición crítica de la crítica latinoamericana se fue configurando y transformando en un escenario clave y un territorio discursivo esencial para la construcción de una 'comunidad regional'; al mismo tiempo, en ese mismo proceso, se fueron pensando y produciendo fórmulas y estrategias para articularla. Se reconoce que, sin embargo, esa formación de campo (comunidad) es muy anterior al periodo trazado en esta investigación. Tanto es así que en ella su trayectoria se encuentra profunda e inevitablemente arraigada a los procesos de independencia que llevaron a cabo la mayor parte de los países de América Latina a principios del siglo xix.

En ese contexto, la voluntad de construir un colectivo surge de lo que en este trabajo he llamado el 'impulso descolonial', una potencia inevitable producida por la herida colonial (Mignolo 2007) que se constituye a partir de la necesidad de ser reconocido y reconocerse en la diferencia y de crear un territorio material y simbólico autónomo que se separe y desprenda del yugo imperial. En nombre de esa pulsión y deseo de desafiliarse, la comunidad se aglutina alrededor de un nombre, elabora estrategias para mantener la cohesión, legitima un vocabulario común y se propone construir herramientas propias para leerse, expresarse e interpretarse a sí misma. Sin embargo, esa desafiliación en términos radicales es imposible. El hecho imborrable del (des)encuentro colonial y la dependencia material y simbólica que este implica dejará huellas indelebles y determinará la condición conflictiva de una comunidad; en definitiva, siempre acechada por la 'aporía descolonial'.

Precisamente en la década de los sesenta, al abrigo del proyecto de emancipación anticolonial auspiciado por la Revolución Cubana, se distingue otro momento en el cual se desarrolla un proceso de construcción de comunidad asociado a ese impulso descolonial. Allí comienza a construirse una fórmula particular de lo colectivo que, animada por el espíritu revolucionario, difundida por las nuevas estrategias de circulación y democratización de la cultura y el saber y, paralela y paradójicamente, sostenida por las nuevas prácticas dispuestas por el mercado, configurará una de las versiones más exitosas de esa construcción comunitaria que es América Latina. La estabilidad de esa idea de lo colectivo elaborada por políticos, intelectuales y artistas, y sustentada en la reivindicación material, epistemológica y cultural de la región verá limitada su duración a una década. La problematicidad de una narrativa identitaria fija y totalizante comienza a ser el foco de los cuestionamientos de aquellos mismos representantes que habrían colaborado a organizarla. La aporía descolonial se hacía presente y abría las puertas a una nueva batalla por la hegemonía discursiva.

Sin embargo, en 1973, esa batalla y todas las anteriores son violentamente suspendidas por la acción de un proyecto que ya desde fines de la Segunda Guerra Mundial había venido organizándose y actuando paulatinamente. Se trataba de un proceso neocolonial, de intervención amplia e internacional, que si bien se adaptaba cuidadosamente a los contextos locales de aquellos países que sufrieron su acción directamente, proyectaba una ola de transformaciones radicales en América Latina con efectos en el orden mundial. Me refiero a los golpes de Estado cívicos-militares perpetrados en Chile y Uruguay.

A los protagonistas de ese fatídico tramo de nuestra historia no solo le atribuimos el hecho de haber llevado a cabo un genocidio, sino también de haber consumado un proyecto tan violento, despiadado y definitivo como el de deshacerse materialmente de un grupo significativo del cuerpo social. Además de la integración del orden incipientemente global del capitalismo internacional, que en el caso de Chile asumiría una forma especialmente radical y que, sustentado en la ideología neoliberal, ejercería su poder y organizaría su funcionamiento a través de una política y una gramática del borramiento y la refundación nacional[1]. Las ideas de progreso económico, productividad y consumo como base de esa ideología se convertirían en el objetivo y la promesa de alcanzar un destino de 'primer mundo'. Al mismo tiempo, se desprestigiaba y obliteraba el pasado, lo que implicaba una operación de

1. En su libro *Crítica de la memoria* la profesora franco-chilena Nelly Richard construye un nuevo sistema de análisis histórico que pone como centro la desestabilización del concepto de recuerdo. A través de su propuesta intenta desmontar lo que llama el 'dispositivo de la memoria oficial' que pretendería borrar el pasado y las luchas por la hegemonía interpretativa generando un nuevo orden institucional (nacional) que implica la desmovilización social y el apaciguamiento de esa memoria. Para ella este dispositivo habría comenzado a funcionar en la postdictadura y operaría, precisamente, a través de prácticas simbólicas de borramiento y resemantización. A través de ellas se lograría una 'contra-apropiación' de significados y el establecimiento de una política de la refundación nacional. Este esquema explica nuestro argumento en la medida en que planteamos que, efectivamente, en Chile se ha llevado a cabo esta operación; sin embargo, creemos que esta no fue activada en el periodo postdictatorial sino mucho antes —como intentaremos probar ahora— e inmediatamente realizado el golpe de Estado cívico militar. Véase Richard (2010).

vaciamiento del discurso social existente y de relleno de ese vacío con los nuevos significados de una nueva nación que mira hacia el futuro. Sin embargo, como reconoce Nelly Richard, este proceso de desmemorización y resemantizaciones perversas (2010: 10) no restringe su labor al periodo en que se desarrolla la dictadura en Chile, sino que establece una continuidad 'encubierta' en la etapa que algunos llaman de 'transición democrática' y otros preferimos llamar 'postdictadura'.

Fue precisamente en este periodo de postdictadura, en la segunda mitad de los años noventa, cuando comencé mis estudios de literatura en una de las universidades públicas de Chile, una de aquellas que había sufrido con mayor dureza la intervención del régimen dictatorial. Los cuestionamientos que surgían a raíz de la escritura de una tesina sobre el modernismo y las vanguardias latinoamericanas, me despertaron una fuerte inquietud. ¿Qué sentido tenía ser un buen lector, un lector experto y especializado?, ¿en qué campos laborales podía utilizar lo que parecía en ese minuto tan solo una destreza?, ¿cómo poner al servicio de otros o de alguien todo ese conocimiento acumulado durante cuatro años? Y, por otro lado, ¿cómo y con qué herramientas teóricas hablar sobre un fenómeno tan complejo como lo es el de las vanguardias 'latinoamericanas'? Allí se abría un mundo de preguntas y contradicciones. Faltaba un pedazo de 'algo', faltaba la historia, faltaba el comprender y articular ciertas discusiones que no aparecían en el mapa de ese saber acopiado.

A esta impresión de que había algo que no calzaba, de que algo estaba quedando fuera o estábamos omitiendo, se suma que, al realizar los análisis, nos encontrábamos con 'rarezas' o 'anomalías' que no se ajustaban o excedían la terminología y los instrumentos teóricos que estábamos usando, lo que agregaba una tremenda sensación de inutilidad. No importaba nuestra nacionalidad, no representaba ningún valor si éramos chilenos, paraguayos, brasileros o franceses, éramos o nos sentíamos, en ese minuto, sujetos del mundo. Nos convertíamos en los sujetos fragmentados posmodernos e incomprendidos que leíamos textos muchas veces pobremente traducidos. Estábamos desarticulados por esas mismas lecturas que parecían destinarnos a existir en la 'universalidad' del infierno paradisíaco que era la 'aldea global', pero al mismo tiempo no cabíamos en ella.

Bajo estas condiciones, comprendiéndonos evidentemente innecesarios y prescindibles para el sistema imperante, buscamos un lugar seguro donde poder practicar nuestro saber especializado. En efecto, ese territorio era el de la ciudad letrada, pequeña unidad académica más bien, (auto)desterrada, que garantizaba las conversaciones necesarias para recrear una sociedad imaginada, aseguraba la recepción y circulación de las ideas y los textos, y la creación de redes y grupos que se leían y polemizaban entre ellos. Sin embargo, ¿por qué las murallas de ese domicilio habían crecido tan altas?, ¿por qué sus habitantes insistíamos en separarnos de lo que estaba fuera de sus dominios y, al mismo tiempo, nos sentíamos rechazados por ese 'afuera'? ¿Por qué nos habíamos resignado o acostumbrado a habitar ese terreno, a creer en su épica, contentarnos con esa versión lineal, universal y única de la historia?

Precisamente, todas estas inquietudes se sintetizan en el texto que da origen a esta investigación. En ese 'proyecto', se reconocía incipientemente la efectividad y el poder de los discursos y de la ideología que los sostiene en la formación y consolidación de una narrativa sobre la identidad. Debido a ello, también se asomaban los argumentos y las razones por las cuales era necesario volver al pasado para repensarlo. Sobre todo, porque ese viaje retrospectivo no solo permitiría ver cómo el discurso de la dictadura había mermado nuestra capacidad de ver, sino porque también la ideología que ella representaba había sido motor esencial en la desarticulación del conflictuado proceso de descolonización de los sesenta y de la deslegitimación del quehacer del crítico e intelectual. Justamente lo que esa intervención había borrado y lo que a mí me faltaba era una parte de nuestra historia, de la historia de Chile, de la historia de América Latina.

El programa que instaló la dictadura se basó primordialmente en conquistar la hegemonía discursiva a través de tres ámbitos o territorios de la experiencia social para nosotros fundamentales. Estos son la historia, la política y la cultura. La nueva narrativa de la historia se habría reorganizado linealmente como un conjunto de hechos cronológicos que celebraban batallas militares de la gesta nacional. Los textos escolares terminaban su relato de la historia contemporánea en los años cincuenta y la historia de Europa era etiquetada como la historia 'universal' desde la cual se colgaba la nacional. La civilización estaba en otra parte y a ella había que aspirar. El pasado 'cercano' que había negado la 'nación', representaba la barbarie, había que borrarlo, omitirlo y olvidarlo.

A partir de la búsqueda de ese pedazo de historia borrado fue que regresé a la universidad. Allí, en un curso de postgrado, tuve la posibilidad de conocer la lista de nombres que conformaban lo que el curso consideraba la 'teoría crítica latinoamericana'. Teniendo a la mano ese corpus y tratando de concentrar mis esfuerzos en responder a mi antigua interrogante sobre el trabajo de quienes se dedican a estudiar la literatura, encontré el proyecto escritural de una figura que me interesó explorar. Es así como llegué a elaborar un trabajo monográfico sobre la trayectoria crítica de Beatriz Sarlo que se convirtió en mi tesis de maestría.

Sin embargo, continuaba queriendo explicarme de dónde provenían sus posicionamientos e ideas. Me interesaba saber desde qué piso ella había comenzado a escribir su crítica, quería conocer a sus precursores y entender por qué reconocía también en su escritura la ausencia de las voces que había conocido en aquel curso sobre la tradición crítica de la crítica literaria latinoamericana. Fue allí, entonces, de donde surgió la idea de este proyecto.

No obstante, la empresa podría ser inabarcable y generalizadora si nos propusiéramos revisarla en su totalidad. Elegimos para esta investigación, entonces, el trabajo de dos críticos que con la publicación de sus textos paradigmáticos[2] no solo habían desafiado en los ochenta el estado de desarticulación del campo cultural latinoamericano, sino, además, estimulados por el 'impulso descolonial', retomaban con el gesto de sus publicaciones una forma de proyecto colectivo.

Decidí seleccionar los trabajos de Antonio Cornejo Polar y de Ángel Rama para, a través de ellos, recontar la historia del discurso crítico latinoamericano justamente porque se reconoce que en ellos había operado de manera particular el esquema del impulso y la aporía y que, al revisar la trayectoria de su funcionamiento en sus textos, podríamos obtener una perspectiva particular y a la vez ampliada de ese discurso.

2. *Transculturación narrativa en América Latina* (1982) y *Sobre literatura y crítica latinoamericanas* (1982).

Pero, además, el examen y análisis de sus programas y reflexiones, de alguna manera, me permitiría rellenar, aunque fuese momentáneamente, los vacíos dejados por el borramiento y la resemantización.

En términos generales, me interesa el trabajo de estos críticos por tres razones. La primera porque en ellos descubrimos un particular interés por la historia y por releerla desde un punto de vista crítico. Esta perspectiva nos alentaba a comprender que la historia de esta literatura particular —como lo era la escrita en América Latina— no se configuraba como una serie de textos aparecidos secuencialmente al costado de la línea demarcada por la tradición universal, sino que, al contrario, en ellos se podía percibir la gestación misma de los procesos históricos y de los conflictos que los cruzaban. Por otro lado, sus trabajos no solo se ocupaban de releer la historia de la producción literaria, sino también de historizar su propia práctica.

En segundo lugar, porque a través de su trayectoria escritural exhiben una especial preocupación por la figura del intelectual y del crítico literario, por su tarea y su función. En diferentes grados y con distintos acentos a lo largo de los años los autores irán construyendo un modelo que, como explicamos en el tercer capítulo, se corporeiza en la obra y la figura de José María Arguedas. Este modelo que se sintetiza en su doble voz (quechua-español) y su triple agencia (Arguedas pueblo, intelectual y artista), no solo les será útil para actualizar sus conceptos de literatura heterogénea y transcultural, sino para definir la crítica y al sujeto que la practica.

Finalmente, porque, a través de su trabajo teórico y su práctica intelectual concreta, Cornejo Polar y Ángel Rama nos muestran fórmulas y estrategias posibles para crear comunidad. A través de la fundación de revistas intentan conservar y a la vez renovar el diálogo entre los intelectuales dispersados, la participación activa y resolutiva (creación de cátedras y actualización de currículums) en las unidades académicas en las que colaboran, su persistente interés por la actividad pedagógica, el compromiso con gestiones directivas en instituciones de difusión cultural (en la Casa de la Cultura de Arequipa, en el caso de Cornejo y en la dirección del proyecto de la Biblioteca Ayacucho, en el de Rama), etc. Por otro lado, en términos teóricos, esta preocupación se evidencia contundentemente —como demostraremos también en varios capítulos— en la medida en que construyen programas que consisten en ponerse al servicio de la preservación de la idea del colectivo. Estos autores conciben cada uno una teoría a través de la cual pretenden sistematizar y organizar los modos de lectura e interpretación de la producción literaria (cultural) singular de América Latina.

El objetivo de este trabajo es principalmente revisitar la historia de la tradición crítica de la crítica latinoamericana. Sin embargo, también se impone como propósito fundamental el de recuperar y difundir los trabajos teóricos, los pensamientos y las prácticas intelectuales de Antonio Cornejo Polar y Ángel Rama. Esto porque efectivamente ellos y su trabajo fueron parte de ese corpus borrado de nuestra historia académica y cultural. Este trabajo que ha intentado ser profundo y exhaustivo es una forma de rescatar nuestra historia. Un primer y quizás perfectible gesto de llenar un vacío al que algunos al menos, hasta ahora, habíamos sido condenados.

Capítulo I

Formación de la voz enunciativa

> "Nosotros los que conocemos somos desconocidos para nosotros, nosotros mismos somos desconocidos para nosotros mismos: esto tiene un buen fundamento. No nos hemos buscado nunca, ¿cómo iba a suceder que un día nos encontrásemos?"
> NIETZSCHE, *La genealogía de la moral* (1998: 21).

El año de 1962 es clave para la construcción de lo que hoy ya podemos reconocer como el campo intelectual latinoamericano de la segunda mitad del siglo XX. En enero se realizó en Chile, en la Universidad de Concepción, el Primer Encuentro de Intelectuales. Concebido en ese momento por su organizador, el poeta Gonzalo Rojas, como sucesor natural del Congreso de Escritores que dos años antes se había celebrado en la misma ciudad, este 'encuentro' marcará un hito en la conformación de una comunidad que agrupa productores culturales tanto de la región como de otras esferas del orbe.

Esta reunión de intelectuales se desenvuelve bajo ciertas circunstancias excepcionales que se hace necesario destacar puesto que inaugura en la región, junto a la fundación de revistas internacionales, una práctica fundamental precisamente para el devenir de esta comunidad en ciernes. El Encuentro de Intelectuales en Concepción pone en contacto por primera vez en muchos años a una cantidad no menor de sujetos que, provenientes de diversos lugares del mundo y de disciplinas dispares, en aquella coyuntura se encontraban pensando su actualidad. A la asamblea acudieron escritores, por supuesto, críticos y académicos dedicados a la literatura, pero también pintores (Guayasamín), arquitectos (Niemeyer), científicos, gente proveniente de las ciencias sociales y un gran abanico de personalidades que darían el signo interdisciplinario a la reunión: "Filósofos, antropólogos, sociólogos, juristas, físicos, biólogos y químicos de fama mundial, hombres laureados con el Premio Nobel y el Premio de la Paz, escritores venidos desde la India y el Japón, desde la Unión Soviética y Europa, de los Estados Unidos y de América Latina (...)" (Rojas 1963: 337).

A diferencia de su versión anterior, el Encuentro de Intelectuales del 62 se configuró a partir de ciertos ejes temáticos que no solo fueron novedosos, sino que cumplieron con el objetivo de convocar a una reflexión amplia a tan disímil concurrencia. "La Imagen de América Latina" versa en el título principal de la convocatoria cuyo centro de preocupación era invitar a repensar el lugar de América Latina, de sus países e intelectuales en una coyuntura de grandes transformaciones y nuevos desafíos.

Los tres focos de la conferencia exhiben el cambio de rumbo de las conversaciones intelectuales del momento, un giro político de los diálogos que desde ese momento comenzarán a monopolizar el quehacer tanto de artistas como de pensadores y académicos. En el área de discusión: "Las claves de la nacionalidad", un conjunto de ponencias, a cargo de un orador nativo, intentaba abrir la reflexión sobre la actualidad de los países latinoamericanos enfrentados a los retos de la modernización y el desarrollo, así como del estado actual de la producción intelectual y artística locales en el contexto de la apertura del mercado cultural. En el área de la discusión literaria, la siguiente serie de ponencias se reunía en torno a la reflexión sobre el significado de escribir en América Latina. Comenzaba a sentirse la preocupación por la razón y el sentido de la escritura en la coyuntura política de la Revolución Cubana en títulos como el de la ponencia de Héctor Pablo Agosti, "Literatura como conciencia nacional", o la de Mario Benedetti, "Arraigo y evasión en la actual literatura uruguaya". Finalmente, los paneles dedicados a la situación de América Latina en el mundo y a las relaciones de los países que la componen con las metrópolis y otros "pueblos de la tierra", cuyo corolario es la intervención de Carlos Fuentes, "Hacia una política exterior latinoamericana", permitieron determinar el tono de lo que estaba germinando en este primer encuentro.

El testimonio de José Donoso es elocuente en este sentido. Para él, luego de este congreso, algo se transformaba y se sentía en el entusiasmo, en la intensidad de los encuentros, en la creación nuevos vínculos personales y, como habría dicho Rojas también, en una conmoción espiritual sin precedentes. Desde allí en adelante, dice, en su *Historia personal del Boom*, habían cambiado las reglas, pero también los lectores y auditores de este frente comunitario:

> [...] lo más importante que Carlos Fuentes me dijo durante el viaje en tren a Concepción fue que, después de la Revolución Cubana, él ya no consentía hablar en público más que de política, jamás de literatura; que en Latinoamérica ambas eran inseparables y que ahora Latinoamérica solo podía mirar hacia Cuba. Su entusiasmo por la figura de Fidel Castro en esa primera etapa, su fe en la revolución, enardeció a todo el Congreso de Intelectuales, que a raíz de su presencia quedó fuertemente politizado, la infinidad de escritores de todos los países del continente manifestó casi con unanimidad su adhesión a la causa cubana (1983: 35).

Este fervor y sensación de coherencia continental que dicen experimentar algunos de los asistentes, sin embargo, no era accidental. El llamado que hiciera Fidel Castro a los intelectuales un año antes en la Biblioteca Nacional de Cuba para pensar y defender la Revolución hace eco en el encuentro del 62. Los tres primeros años de la Revolución Cubana habían sido esenciales para provocar el entusiasmo que algunos escritores como Carlos Fuentes habían contagiado en el Encuentro de enero. Así como la revolución económica, la cultural era una pieza fundamental en la consecución de la sociedad nueva y el intelectual era emplazado como líder y dirigente natural en ese caminar hacia ella.

Ya en 1960 el proceso revolucionario había dado pasos fundamentales en este sentido: puesto en marcha el proceso de nacionalización y la reforma agraria (el Ministerio de Recuperación de Bienes Malversados creado en 1959), le siguen prontamente los programas de la formación de maestros voluntarios (brigadas de alfabetización, brigadas

Conrado Benítez) y el de alfabetización general, que declara 1961 como el año de la educación.

A pesar de los avances del proceso auspiciado por el ideario de la Revolución, los obstáculos no tardaron en surgir. Al finalizar ese mismo año del Primer Encuentro de Intelectuales celebrado en Chile, hubo algunos eventos que alterarían el rumbo de la marcha: el bloqueo económico impuesto a la isla por Estados Unidos, la puesta en marcha de la "Operación Mangosta" y, en octubre, la Crisis de los Misiles. La disyuntiva en la que se encontraba el proceso revolucionario era decisiva para su curso. Estos hechos, que comprueban la precaria y dependiente posición de Cuba respecto de las grandes potencias,[1] exigen un reordenamiento en su política internacional, económica y, por supuesto, en la rearticulación de las directrices culturales. Este contexto de inflexión habría activado un ímpetu reunificador que implicaba reorganizar y confirmar el pacto establecido con la sociedad a través del reclamo de un compromiso más activo por parte del pueblo mismo y, sobre todo, de quienes estaban llamados a colaborar y liderar el movimiento de emancipación.

Aquella sensación de coherencia continental expresada por José Donoso en su texto de 1972, que surge de la expectativa de conquistar una grandeza prometida y aún no realizada, ha sido lúcidamente explicada por Caludia Gilman en su libro *Entre la pluma y el fusil. Debates y dilemas del escritor revolucionario en América Latina*. En el texto, la argentina lee la historia y la forma en que se configuraron y relacionaron, entre los años sesenta y setenta, las voces intelectuales en

1. El hecho de que Jrushchov negociara con Kennedy la posición de Cuba frente a este acto de demostración bélica provee el mejor ejemplo de la fragilidad de la autodeterminación del proceso. Se desconoce, en este sentido, la factibilidad de los acuerdos dentro del bloque comunista y, con ello, Castro se ve expuesto a fuerzas que superan su propio poder de intervención en el mapa mundial. Quizás sea esta una de las evidencias menos auspiciosas para la consecución del proyecto emancipador. La imposibilidad misma de presentar una alternativa y conquistar la utopía de la sociedad de la igualdad. El asesinato de Kennedy y la salida del gobierno de Jrushchov agudizan la situación de la isla. Los acuerdos realizados quedan puestos en entredicho y la precaria estabilidad de la palabra concedida empuja a Fidel Castro a extremar las medidas de su proyecto descolonizante y antiimperialista.

el espacio geopolítico denominado América Latina. Este 'lugar' como configuración deliberada —discursiva— elaborada en el contexto de un periodo de rápida modernización y de la reacción anticolonial que promovía la Revolución define el territorio de pertenencia para el grupo de creadores y estudiosos de la literatura (y la cultura) que ven en la acumulación de textos, cuerpos, diálogos y nombres, un patrimonio común al servicio del establecimiento de una identidad regional y de la resistencia neocolonial.

Para Gilman, se hace necesario estudiar la producción discursiva de estas dos décadas a partir de la idea de 'época' y de la noción bourdiesiana de 'campo', dado que el quehacer de los intelectuales en ese escenario se configura como una práctica no aislada ni individual, sino como un conjunto de debates y polémicas que remiten a las reglas del juego social (Sarlo 1993). La idea de época que la autora considera nos permite atribuirle a esta coyuntura más que una cualidad periódica, una epistemológica, puesto que para ella una época se define como un campo de lo que es públicamente decible y aceptable. Como

> [un] bloque temporal en el que la convergencia de coyunturas políticas, mandatos intelectuales, programas estéticos y expectativas sociales, modificó los parámetros institucionales y los modos de leer y de producir literatura y discursos sobre la literatura (Gilman 2003: 36-37).

De este modo, sería en este instante en el que se consolidaría lo que podríamos considerar como una modulación de la llamada 'cultura del discurso crítico'[2] (Gouldner 1985) constituida por una nueva clase socio-profesional que, en su práctica, prescinde de criterios de autoridad no basados en la lógica racional y se separa del resto de la sociedad.

---

2. Apunto el término para poner énfasis en que la formación de esta comunidad se articula en torno a un elemento lingüístico fundamental —y del elemento epistémico que la lengua comporta— y un dispositivo también de clase. Es importante incorporar la categoría de Gouldner pues, precisamente, sus aportes introducen a la discusión la problemática relación entre lenguaje, representación y poder que complejiza la actividad del intelectual en este contexto específico, pero también en términos transhistóricos, es decir, nos enfrenta al problema de la doble militancia del intelectual, de su profunda vinculación al poder y su eterna vocación emancipatoria. Véase Gouldner (1985).

Efectivamente, para Gilman, aquello que logró lo que Donoso definía como 'la internacionalización' de la novela hispanoamericana, y en definitiva el avance del proyecto revolucionario de difusión cultural, fue que esos creadores, pensadores y críticos, ahora etiquetados como 'intelectuales', construyeron una 'corporación', un frente, o quizás no sea tan arriesgado decir, una familia[3] que había comenzado a gestarse, por ejemplo, en 'encuentros' como el del 62 en Concepción y que se robustecía en los lazos de amistad que allí se forjaban.

Escenario territorial

En este sentido, la 'revista' se convierte literalmente en el domicilio específico (*domus*-casa) y lugar de residencia de la comunidad imaginada, una sinécdoque de la circunscripción territorial del intelectual. Una plataforma material en la cual la familia intelectual se encuentra, consolida y legitima su voz. La creación de *Casa de las Américas* sintetiza lo que las revistas significan en la configuración del campo intelectual latinoamericano de la segunda mitad del siglo xx. Erigida a través de la promulgación de la ley nº 299 del Gobierno Revolucionario y fundada finalmente al siguiente año, el proyecto se impone como objetivo la difusión, promoción y el diálogo de la producción cultural de América Latina y el Caribe.

3. Para Gouldner, una de las características de la comunidad del discurso crítico es precisamente su rechazo a las lógicas no racionales de comunicación —y, por lo tanto, agrego, de relación—. Puesto que es necesario desvincular el discurso de toda posición social, autoridad y carácter personal, para poder elaborar afirmaciones 'serias' y autorizadas, el lenguaje que prefiere se despersonaliza y renuncia a los 'instintos' (1985: 49). Sin embargo, esa denominada 'comunidad del discurso crítico', pienso, renuncia solo en lo formal a la dimensión 'instintiva' o emotiva/personal del lenguaje y la comunicación/relación, puesto que en la investigación que hemos realizado muchas veces las causas y consecuencias de la conformación de la comunidad están íntimamente relacionadas con los vínculos de amistad personal entre sus protagonistas. Escojo por lo tanto la categoría de familia para describir esta formación integrando precisamente la dimensión afectiva, conductual y estructural que el término admite.

Según el historiador chileno Germán Alburquerque, no es una novedad que *Casa de las Américas*, como revista y editorial, se haya convertido en uno de los ejes fundamentales en la conformación de esta trama de intelectuales latinoamericanos. En su texto "La red de escritores latinoamericanos en los años sesenta", presenta cuatro mecanismos a través de los cuales la revista articuló la configuración de esta comunidad intelectual: primero, la convocatoria e invitaciones permanentes a escritores e intelectuales para participar en conferencias, mesas redondas y diálogos con sus pares cubanos. Segundo, la organización de masivos encuentros de escritores, la construcción de un espacio de expresión pública para todo aquel que quisiera exponer su solidaridad y compromiso con la causa cubana; luego, la conformación del comité de colaboración de la revista[4], que evidentemente aglutina a casi la mayoría de los intelectuales más destacados y, finalmente, la institución de los premios literarios que, a través de la selección de jurados y de los participantes, cumplía la misión de reclutar, acreditar y legitimar a los integrantes de la comunidad intelectual de América Latina.

En este sentido, *Casa de las Américas,* y en general las revistas creadas o consolidadas en la época[5], comenzará a desplegar este terreno enunciativo, pues se constituye como el *locus* de enunciación y práctica: "En cierto modo un lugar que le provee [al intelectual] un objeto, un espacio simbólico, un contexto o un destino. Ese objeto o destino se denominó Latinoamérica" (Gilman 2003: 79).

4. En su artículo, Alburquerque lista los nombres del comité: "Emmanuel Carvallo (México), Julio Cortázar, David Viñas (Argentina), Roque Dalton (El Salvador), René Depestre (Haití), Edmundo Desnoes, Roberto Fernández Retamar, Ambrosio Fornet, Lisandro Otero, Graziella Pogolotti (Cuba); Manuel Galich (Guatemala), Ángel Rama, Mario Benedetti (Uruguay), Mario Vargas Llosa, Sebastián Salazar Bondi (Perú) y Jorge Zalamea (Colombia)" (2000: 349).

5. Es interesante notar que incluso dentro de la estructura permanente de la revista *Casa de las Américas* se incluye una sección ubicada al final de cada número en el que se anuncian y publicitan las publicaciones que comparten el 'espíritu' de la revista cubana. Incluyendo el país de publicación, el comité editorial, el precio y las fórmulas de subscripción, se listan algunas, tales como: *Ínsula* (Madrid), *Action Poétique* (París), *En letra roja* (Caracas), *Bulletin of Hispanic Studies* (Liverpool), *Hoy en la cultura, El Escarabajo de Oro, La Rosa Blindada* (las tres publicadas en Buenos Aires), *Pájaro Cascabel, El Corno Emplumado* (ambas en la capital mexicana).

La importancia de las revistas es capital para la generación de una 'formación' más o menos coherente y cohesiva, pues extienden materialmente los puentes entre los intelectuales. Se transforman en el terreno que permite abrir las fronteras nacionales, crear subcomunidades, compromisos, lealtades y también construir las trincheras para disputar la hegemonía discursiva e interpretativa. Se organizan como el espacio donde la polémica se transforma en un nuevo tipo de discurso fundacional de intervención social que canaliza el impulso hacia lo público y la urgencia por modificar la coyuntura social y política presente.

De este modo, América Latina se dibuja como una fantasía actualizada y materializada en el papel de las publicaciones que irrumpen con una fuerte vocación cartográfica y geopolítica. Las revistas son las que delinean el territorio de lo Latinoamericano y trazan su mapa al hablar y escribir sobre/desde/para él. La comunidad imaginada-lingüística (Anderson 2003), entonces, se despliega territorial e ideológicamente a través de las múltiples fojas que se escriben en *Casa de las Américas*, *Marcha*, *Mundo Nuevo*, *Libre*, *Siempre!*, entre otras. La participación en ellas hace que el gesto escritural supere la individualidad del texto cerrado en sí mismo y se forme a través de diálogo, los requerimientos, respuestas y debates que definen adentros, afueras, marginados, integrados e indecisos.

El circuito de estos textos que conversan entre sí constituye también un sistema de préstamos. Ni la exclusividad editorial ni el carácter inédito de los escritos se considera un valor absoluto. Estos aparecen reeditados en diversas publicaciones locales una y otra vez. Nuevamente se reproducen afanosamente, nombres y títulos que tienen como objetivo el cambio y la transformación social a través de la palabra escrita. De esta manera, las revistas señalan el signo de una primera etapa de 'compromiso' intelectual[6], momento que implica el alineamiento y mantiene cierto grado de coherencia alrededor de lo que Donoso llamaba la 'unidad política'.

---

6. El proceso de independencia radical que auspicia y lidera la Revolución se vincula necesaria y específicamente a un compromiso por parte de quienes se han erguido como los constructores de su discurso simbólico, y que se encuentra atado a la idea de tomar partido.

Sujetos (al) en el entremedio

El de 1966 es un año significativo para la conformación y reordenamiento de la trayectoria de esta comunidad intelectual que hemos estado describiendo. La Habana comenzaba a consolidarse no solo como el centro ideológico y económico del proyecto emancipador, sino también como espacio geográfico de encuentro, como la residencia de muchos de los integrantes de la familia intelectual de izquierda y también, por qué no, como núcleo afectivo de la concurrencia y la filiación.

En ese preciso año se llevan a cabo varios eventos en la capital antillana reuniendo, como ya comienza a hacerse 'costumbre,' a la ilustre lista de escritores, críticos y pensadores latinoamericanos. La efectiva labor de *Casa de las Américas* apoya esta iniciativa de repliegue y alianza. Los premios, concursos y nominación de jurados, comenzarán a delinear la construcción de una casta —comunidad lingüística, imaginada— que legitima a Cuba como el centro operacional de la producción cultural.

Sin embargo, la permanente amenaza que desde el norte acecha el proyecto, las arduas y tirantes negociaciones económicas con los socios del conglomerado soviético y, sobre todo, la necesidad de superar la etapa de alineamiento, de diagnóstico crítico y justificación del movimiento emancipador, y dar paso ya a uno de afirmación y realización, provoca que el Gobierno Revolucionario renueve y reajuste sus prioridades y urgencias.

En este contexto, las exigencias a los intelectuales se radicalizan: no basta con localizarse, con manifestar el apoyo y declararse un intelectual 'comprometido'. Hay que dar necesariamente un paso adelante para seguir el rumbo trazado por el objetivo de construir esa sociedad nueva. El llamado al intelectual del 66 —o más bien, a esas alturas, la instrucción— era a convertirse en revolucionario. La 'palabra' ya no era suficiente, era necesario irrumpir en la sociedad real a través de la 'acción' real.

Precisamente en ese año de 1966 estalla una polémica que exhibe, por un lado, esta alteración en la situación de los intelectuales y, a la vez, revela la relativa ficción de coherencia de la colectividad que en estricto rigor se había construido más bien a partir de una polifonía de voces. En la medida en que se enfrentaba a la radicalización de las exigencias revolucionarias, el coro comenzaba a develar sus diversas tonalidades y discrepancias, tensando un equilibrio que transitoria y quizás forzosamente se había mantenido estable.

En julio de ese año, Emir Rodríguez Monegal funda *Mundo Nuevo*. En la presentación que abre el primer número de la revista, el uruguayo explica que la nueva publicación quiere ser un espacio de encuentro de las voces inaudibles y dispersas. Con su centro de operaciones establecido en París, pretende ser la plataforma que abra lo que considera un verdadero diálogo, y sobrepase las limitaciones de nacionalismos, partidos políticos (nacionales e internacionales), capillas más o menos literarias y artísticas.

Enfrentándose abiertamente a lo que considera el monopolio cubano de la cultura, Rodríguez Monegal se propone disponer un escenario para la confluencia "de quienes componen, hoy, el concierto de una cultura viva y proyectada hacia el futuro, una cultura sin fronteras, libre de dogmas y fanáticas servidumbres" (1966: 4). Este manifiesto es recibido por la institución revolucionaria y por sus adherentes más convencidos como un franco acto de traición y reaccionarismo. Rodríguez Monegal firma con la publicación de estas palabras su sentencia de muerte en relación con su pertenencia al cenáculo cultural que auspicia La Habana.

Es conocida la ácida polémica que suscita la intervención del uruguayo. Al poco tiempo de ser publicada la revista, esta es acusada de estar financiada con dineros de la CIA y de ser parte del plan estadounidense de sabotaje y control político-cultural en la región[7]. Las

7. La intervención soslayada pero también abierta de Estados Unidos en la política y en las políticas económicas y culturales de los países latinoamericanos es permanente en esta época y es blanco de la denuncia constante del régimen cubano a través de sus mecanismos de comunicación. Este proceso de intromisión se inaugura con el plan que sostiene la Alianza para el Progreso delineado poco antes de que asumiera la presidencia J. F. Kennedy, y se consolida material y bélicamente con el episodio de playa Girón. A estos eventos le siguen otros gestos que profundizarán esa intervención, por ejemplo, el año 1967 se publicará en *Casa de las Américas* la carta abierta a Pablo Neruda en la que se lo acusa de participar en este gran plan de sabotaje. En ese mismo año se incluye en la revista una declaración

violentas reacciones se producen desde ambos flancos: aquellos que adherían a las intenciones y propuesta estética de *Mundo Nuevo* como una forma de proteger la libertad de creación, reflexión y la posibilidad crítica y, por otro lado, el ataque de quienes, alineados con la Gran Antilla y sus intelectuales orgánicos, sostienen la tesis del inaceptable intervencionismo del Capitolio y cuestionaban el grado de compromiso de sus colegas acusándolos de abandonar los valores antiburgueses y caer en las redes del exitismo individual y cosmopolita.

De esta manera, se comienza a poner en entredicho la efectividad de la acción de los intelectuales. Sobre ellos se instala la sospecha y se les cuestiona su lealtad con la causa revolucionaria. Para Claudia Gilman, por ejemplo, este sería el instante en el que la época de la 'familia intelectual' se divide en dos, dando paso a un periodo marcado por la oposición entre un 'nosotros' y los 'otros'[8]; por un profundo antiintelectualismo y un fuerte repliegue del intelectual hacia la (auto) reflexión[9].

---

del Comité de Colaboración en el que se acusa fuertemente lo que reconoce como la arremetida de Estados Unidos en los asuntos culturales de América Latina a través de los planes Camelot, Simpático y Numismático, el financiamiento, adquisición de editoriales y revistas, etc. (*Casa de las Américas*, nº 41, año VII, marzo-abril, 1967).

8. La autora argentina explica en *La pluma y el fusil* que el signo que caracteriza la etapa que va desde 1966 hasta aproximadamente 1973 es el de disección de la familia intelectual en dos mitades. Aquella mitad que se mantiene 'leal' al proceso y orientaciones del Gobierno Revolucionario, y la otra, que se parapeta firme en la idea de la defensa del rol crítico del intelectual, la autonomía de la obra de arte y la internacionalización, que en definitiva quiere resguardar su lugar.

9. Prueba de este proceso de repliegue intelectual hacia la reflexión sobre la propia práctica es, por ejemplo, la copiosa publicación en *Casa de las Américas* de secciones dedicadas a reflexionar sobre la labor del intelectual en el proyecto de la Revolución. Ejemplo de esta permanente preocupación son: la encuesta realizada en el número 35 del año 1966 cuyo cuestionario alude al papel del intelectual en los movimientos de liberación nacional, o el texto que escribe Roberto Fernández Retamar un año después en el que plantea las nuevas exigencias para la intelectualidad revolucionaria (en "Hacia una intelectualidad revolucionaria en Cuba", nº 40, año VII, ene-feb, 1967). O también, el número 45 del mismo 1967, en el que se homenajea al Che Guevara reconocida ya su muerte en Bolivia, donde varios intelectuales, entre los cuales participan Cortázar, Vargas Llosa, Benedetti, Depestre, Dalton, Lihn, Romulado, Maldonado Denis, Galich, Mejía Duque y

Entrada ya la segunda mitad de los años sesenta, varias son las fuentes de ese conflicto que encara al intelectual y al proyecto revolucionario. La primera es la relación que se establecerá entre artistas/intelectuales y el mercado editorial. Si bien esa relación no es nueva y surge como una tensión importante ya a fines del siglo XIX, la forma que adopta en esta coyuntura es particular.

La posibilidad de difundir la creación literaria regional e internacionalmente a través de los dispositivos del mercado, no solo se había convertido en una pretensión inspirada por la necesidad de crear lazos con colegas y congéneres lectores —en el caso de la difusión regional— y por el deseo de abandonar la condición localista o pintoresquista de las literaturas nacionales, sino también, en el contexto de la construcción de la épica latinoamericana, como un mecanismo de visibilización de su producción singular, como una forma de dar a conocer 'América Latina' al mundo y, por supuesto, también como una manera de consolidar la profesionalización[10].

Sin embargo, el hecho de entrar a jugar bajo las reglas de ese mercado significaría una transformación de esa actividad de creación cultural. La ácida crítica que recibe el artista 'libre' que participa exitosamente de la lógica del mercado proviene precisamente de la institucionalidad revolucionaria y algunos de sus pares que apoyaban la resistencia al capital. Este repudio, es de imaginar, proviene de las consecuencias políticas y artísticas que produce la alianza con el mercado, con las condiciones que este impone al productor y a la obra para participar en su dinámica de consumo y sus transacciones mediáticas. Los intelectuales alineados con Cuba no escatimaron en apelativos para quienes

---

Perán Erminy, reflexionan sobre la "Situación del intelectual latinoamericano" en casi cien páginas. Esto por dar solo algunos ejemplos de la proliferación de este cuasi 'género' autorreflexivo.

10. Es necesario consignar que, como es sabido, este proceso tiene su origen a fines del siglo XIX y se desarrolla con fuerza a principios del XX en la medida en que las transformaciones del mercado en América Latina definen la práctica artística e intelectual. Sin lugar a dudas el escritor que exhibe paradigmáticamente en su trayectoria y su obra los modos en que arte y mercado comienzan a interrelacionarse y definir ese quehacer es Rubén Darío, y uno de los textos que elabora ampliamente esa ejemplaridad es *Rubén Darío y el modernismo*, de Ángel Rama (1985).

no solo participaban de la red mercantil, sino comenzaron a conformar un nuevo canon que logró erguirse como el "*boom* latinoamericano"[11]. Artistas como Neruda, Vargas Llosa, Cortázar, Fuentes, Donoso, Viñas, García Infante, García Márquez, entre otros, eran calificados de ególatras, esnobs, vanidosos, individualistas, escritores que mercantilizaban su obra y escribían solo por los honorarios[12].

El siguiente foco de tensión surge de la contradicción entre aquellos que defienden la autonomía de la obra y la libertad del artista y los que exigen y protegen su compromiso con la Revolución. Aquellos que piensan que la creación no debe ser contaminada con ningún tipo de condicionamiento y que plantean la obra como el único terreno de la insurrección y subversión verdaderas, y los que le piden a ella que sea un documento de denuncia del pasado y el presente, un vehículo de concientización social —de clase—, y un espacio de redención para los sujetos ignorados[13]. Si bien en el primer momento de este periodo

11. Sobre la problematización de las distintas aristas del concitado *boom* latinoamericano, véase Rama (1984).
12. En el número 38 de 1966 de *Casa de las Américas* aparece la famosa carta-reclamo escrita por colegas e intelectuales a Pablo Neruda. Una carta abierta y grupal fechada el 25 de julio de 1966 en La Habana. Esta carta surge frente a la preocupación que admiten los artistas respecto de la participación de Neruda en las estrategias propulsadas por la Alianza para el Progreso que implican, según ellos, la neutralización del proceso revolucionario. Firmada por 152 intelectuales, entre los que destacan Marinello, Carpentier, N. Guillén, Roberto Fernández Retamar, Desnoes, Portuondo, Otero, Lezama o Padilla, esta misiva también se refiere en fuertes términos al proceso de inserción al mercado que había sufrido la obra de Pablo Neruda y que, por lo tanto, merecía el desprecio de la comunidad: fiestas, éxito, dinero, eran los antivalores que contaminaban la obra y la hacían presa de los avatares del capitalismo y su poder. Véase "Carta Abierta", en *Casa de las Américas*, nº 38, año VI, sept-oct, 1966.
13. En la trayectoria del proyecto revolucionario hay que destacar que la preferencia por ciertos géneros y formas literarias se encuentra en estrecha relación con las transformaciones que promovía la institucionalidad cultural revolucionaria a partir de las necesidades que se iban descubriendo. En primer lugar fue la novela la escogida, puesto que en ella, se pensaba, se podían tratar y desarrollar los grandes temas y denuncias a partir del pequeño universo que esta permitía crear. En este instante, por ejemplo, se consideró que la poesía, con su acento en las funciones poética y expresiva del lenguaje, no permitían cierta comunicabilidad necesaria para acercarse de manera efectiva al nuevo lector proletario, popular y masivo. Sin

hubo acuerdo entre los intelectuales y el partido en relación a no cometer los mismos errores que habían llevado a la Unión Soviética, según el mismo Benedetti[14], a una dictadura cultural, cuando el Gobierno Revolucionario profundiza sus medidas y políticas culturales la situación para los creadores comienza a ser insostenible. Los debates que suscita este conflicto son potentes y fisuran profundamente las relaciones de una comunidad que se había pensado inseparable.

La Revolución exigía guerrilleros y obreros que abandonaran las letras y tomaran las armas. Muchos intelectuales y escritores no compartieron esta exigencia y, desde la perspectiva revolucionaria, se negaban a abandonar su espacio protegido de la torre de marfil. Esta desavenencia explica el siguiente problema frente al cual se enfrentan con la Revolución: el conflicto de la representación. La libertad que exigen los artistas e intelectuales los posiciona en un lugar privilegiado respecto del resto del pueblo que vive el proceso de cambio social. No solo piden y obtienen un trato aventajado —y remunerado— sino que, en términos intelectuales, se alzan como figuras modélicas e iluminados que aleccionan a los privados de conocimiento, de palabra. La tarea del intelectual, mientras no se despojase de su aura, estaría siempre urdida y dirigida a la élite, élite que es la comunidad de pares y el público lector de las oligarquías y burguesías criollas.

La Revolución había instalado en el futuro la potencia y la posibilidad de que ese pueblo compartiera con los aventajados el conocimiento y la tradición occidental del saber; sin embargo, al principio, esa esperanza era a largo plazo. Antes de llegar a ese instante ideal se hacía necesario comenzar desde cero y desde abajo. La realidad del analfabetismo separaba a la gente de aquellos que 'ya saben' y poseen los contenidos y secretos de una tradición del conocimiento. El problema

embargo, esto cambia en la medida en que las tensiones entre artistas/intelectuales y Revolución se van agudizando. El proyecto ya no espera que el escritor que detenta el saber de la alta cultura sea el que ilumine al pueblo, pues la cultura popular ha entrado también a jugar en las lides de la cultura. En este instante, formas del género lírico se alzan como las privilegiadas, por ejemplo, la antipoesía, la poesía conversacional, el canto popular, entre otros, géneros y formas que surgen para acercar a la creación a la gente y viceversa.

14. Véase *Casa de las Américas*, nº 45, año VIII, noviembre-diciembre, 1967.

de la 'futuridad' del proyecto que se comienza a realizar en el 'ahora', es otro foco del conflicto entre intelectual y Revolución. Es cuando la exigencia de un trabajo de base, trabajo 'sucio', se hace real. En el apartado "El intelectual como problema", Claudia Gilman analiza lo que denomina el mito de la transición. Según la argentina, el intelectual de los años sesenta se configura como un sujeto de transición que se va dibujando sobre la idea de la temporalidad dialéctica de la historia que caracteriza la episteme revolucionaria. El hombre del pasado, el del presente en metamorfosis y la utopía del hombre nuevo configuran el territorio de un sujeto intelectual que se encuentra en el momento de una trasformación. Ese cambio implica para el intelectual el atravesar y torcer su propia historia, desde su ser burgués hacia el ser del hombre nuevo que en un nuevo escenario construye una nueva sociedad, una nueva cultura y produce una nueva literatura. Sin embargo 'el futuro es ahora', y su inminencia era un desafío que muchos artistas e intelectuales no estuvieron dispuestos a asumir, por lo que se instalan en el entremedio. El quiebre entre el 'otros' y 'nosotros' también entonces se hace real.

En este escenario la reflexión y cuestionamiento sobre la práctica, pero también sobre todas y cada una de las ideas, categorías, (pre) conceptos, medios, teorías y experiencias se exacerba intensamente. Las consecuencias se evidencian precisamente en el repliegue de los intelectuales hacia su torre de marfil. Allí se concentran en la crítica y la autocrítica del propio quehacer, acentuando con ello, de nuevo, la distancia con las expectativas y las tareas demandadas por el proceso hacia el nuevo orden de la cultura.

Durante este periodo, el crítico se había instalado básicamente en los espacios que la institución había preparado para él —comités editoriales, espacios revisteriles, jurados, comentaristas, etc.— para cubrir las necesidades de interpretación que la producción latinoamericana exigía y 'merecía'. Sin embargo, ese lugar también se tambalea. En la medida en que ese rol comienza gradualmente a perder autonomía y el crítico parece transformarse cada vez más en un funcionario garante, supervisor y vigía del modelo ético y estético elaborado por el partido, entra a jugar parte en el conflicto y experimenta las disyuntivas de su labor. El rechazo de la institución legitimadora cultural revolucionaria a las formas de reflexión que no incorporaran la reflexión socialista apuró también entonces el distanciamiento entre crítico literario y revolución.

El inicio del decaimiento del éxito de la alternativa socialista cubana habría comenzado en 1968 cuando la situación económica del bloqueo comienza a tener graves consecuencias en todos los flancos de acción del proyecto, cuando, por ejemplo, el éxito del plan zafra se alejaba cada vez más y las expectativas del autoabastecimiento y la autonomía política que este había prometido no parecían estar siendo alcanzadas. Unido a lo anterior, la muerte del Che en 1967 y el definitivo alineamiento cubano con las orientaciones político-económicas establecidas por la Unión Soviética hacen que la dirigencia revolucionaria escoja el camino del endurecimiento, exigiendo participación militante y total respeto a las pautas, reglas y criterios que despliega la institución funcionaria. Animada por sus aspiraciones panregionales y la necesidad de encontrar aliados para subsistir los embates del bloqueo económico, político y cultural, Cuba resiste a la debacle y al aislamiento fortaleciendo las políticas sociales y culturales en la isla y proyectándolas hasta donde sus brazos llegan. Sin embargo, en el campo cultural se respira un ambiente de fuerte desilusión provocada precisamente por la radicalización de las posiciones y los cambios, pero también motivada por el incumplimiento de las expectativas y esperanzas de formar una comunidad unificada, lo que resulta, según Halperin Donghi (2001), en una generalizada retracción o retraimiento de los integrantes de la América Latina hacia el adentro de sus fronteras nacionales.

Ya para 1970 un grupo de intelectuales y escritores[15] había comenzado a mascullar un nuevo proyecto que recogía la incomodidad del sector respecto a las orientaciones delineadas por el partido; sin embargo, este no se concreta sino hasta el año siguiente, cuando estalla

15. Cabe notar que este grupo de escritores y críticos es un grupo ya reconocido (Cortázar, Vargas Llosa, Fuentes, sus cabezas más visibles) por el nuevo y gran público lector y al cual permanentemente se elevaron las críticas y cuestionamientos durante este periodo. Se trata de aquellos que más se habían beneficiado con la explosión del mercado editorial y que se habían establecido como subgrupo de delegados y representantes de la Revolución en España y Francia preferentemente.

el Caso Padilla. Este evento, que pone de manifiesto de una vez por todas la fractura de los lazos entre los llamados intelectuales 'críticos' y los 'revolucionarios', transformará la gramática de la unidad latinoamericana que se ve definitivamente descentrada a partir de la evidencia de que ella depende de la prohibición del disentimiento y la crítica. A partir de este suceso, entonces, es que en 1971 aparece el primer número de la revista *Libre*, cuyo nombre —evidentemente— y editorial desafían las políticas unificadoras que habría estado desarrollando paulatinamente La Habana. Los planteamientos de *Libre* surgen del rechazo a lo que estos escritores conciben como la subordinación del intelectual a la condición de dirigente político que estaba adoptando y a las orientaciones estéticas que a través de sus diferentes dispositivos proponía el Estado cubano. Se plantea, de esta manera, como una trinchera para defender la libertad de la crítica y la creación, y si bien no asume una alianza con el mercado, sus integrantes le reconocen un aporte en la difusión de la literatura regional. Su estrategia es, de alguna manera, integrar la posición de muchos de los intelectuales de la orfandad en que los deja el darle la espalda a Cuba y a todo su aparato. Los de *Libre* desean dar validez y justificar teórica e ideológicamente la noción de intelectual crítico que enérgicamente se desprestigiaba, pero también, como señala el historiador argentino:

> se trataba de defender una sola condición esencial, no negociable, de la literatura, la que suponía que la función social y estética del arte no solo se realizaba en total autonomía respecto del poder del estado. Allí se definían los criterios estético-ideológicos y políticos de 'Libre'. La literatura sería autónoma —esto es, se daría ella misma sus propias leyes— y automimética. De ese modo, y por derecho propio, sería intrínsecamente subversiva, y el escritor, un permanente *hors la loi*, la conciencia crítica de la sociedad (Halperin Donghi 2001: 299).

La potencia de los objetivos y la grandilocuencia del nombre de la revista, sin embargo, podrían confundirnos, ya que su corta vida y su carácter más bien reactivo no alcanzan a consolidar su gesto como para construir un nuevo frente unitario.

A principios de la década del setenta, los países de América Latina, sus élites políticas y dirigentes progresistas iniciaban un proceso de repliegue para repensar sus alternativas ante el desfallecimiento de la experiencia cubana y el destino del intelectual no sigue un trayecto diferente. Si bien, a raíz de la agudización de la tensión entre algunos de ellos y la Revolución, que se había establecido como un hecho visible y concreto, las respuestas y posicionamientos ante esa tirantez —ejemplo de la cual es el manifiesto de *Libre*— no se habían elaborado como gestos gremiales, sino más bien como defensas particulares.

A pesar de acciones como la llevada a cabo por *Mundo Nuevo*, que no alcanzó a constituirse como un eje comunitario cerrado debido a las acusaciones que sufre sobre sus vínculos con la CIA, la desarticulación de campo no se había concertado como un choque frontal entre dos posiciones axiomáticamente contradictorias, sino más bien como el enfrentamiento entre el bloque procubano, potentemente coherente y cohesivo, y el otro, el de los sujetos que si bien tenían en común ser críticos de las prerrogativas y exigencias que imponía el aparato revolucionario, no se consolidaban como una fuerza organizada. Se trataba de voces individuales que reaccionaban ante acusaciones y denuncias específicas y personalizadas y que generalmente generaban el apoyo de algunos colegas que defendían la causa singular o encontraban en ella una excusa para tematizar las tensiones y los problemas relativos a la práctica del intelectual dentro del proceso revolucionario.

Por su parte, más tarde, la postura de los 'libres' no se había fundamentado necesariamente en una 'oposición', en una negación. Intelectuales como Cortázar —fundamentalmente—, Vargas Llosa, Rama, García Márquez, entre otros, no abandonaban irrestrictamente la fe en los principios fundantes que defendía y promovía (o había defendido y promovido) la Revolución. Más bien, su disenso provenía de la molestia que provocaba lo que ellos concebían como la instrumentalización del arte, de la renuncia a la autonomía de su quehacer reflexivo y, por qué no, de que les quitasen su lugar y autoridad. En este sentido, este conjunto habría evitado elaborar una crítica basada en la contradicción del modelo teórico-ideológico dispuesto por el proyecto revolucionario. Al contrario, el grupo insistía en perseguir la senda del marxismo, pero leyendo y pensándolo desde una perspectiva heterodoxa[16].

16. Es necesario destacar que esta inflexión en el pensamiento de la izquierda latinoamericana se ve fuertemente influenciado por la lectura de L. Althusser. Existe una

Localizados en su mayoría en Europa, varios intelectuales comienzan a considerar la alternativa teórica que se desarrollaba en Francia e Inglaterra, el estructuralismo y el inicio de los estudios culturales que auspiciaba el matrimonio entre las ciencias sociales (antropología, sociología, etnografía) y las humanidades. Por otro lado, la búsqueda de una opción distinta a la experiencia de los denominados socialismos reales, motiva a ciertos intelectuales a alinearse con la alternativa del proyecto que lideraba en Chile Salvador Allende.

Nuevos programas, nuevos bríos

El de 1973 es un año que marca un punto de inflexión fundamental en la estructura y relaciones dentro —y fuera— del campo intelectual latinoamericano y, en lo que Nelson Osorio bautiza como la 'nueva crítica latinoamericana'[17]. El golpe de Estado de Bordaberry en junio de ese año y el posterior golpe cívico-militar en Chile en septiembre constituyen dos hechos que interrumpen violenta y profundamente el transcurso de su trayectoria que, como ya hemos explicado, no había sido armónica ni completamente coherente, pero había permitido el establecimiento de una red, de una trama de relaciones efectivas (y afectivas) más o menos móviles entre los habitantes de la ciudad letrada. La censura, la persecución, la intervención y vigilancia de cartas y documentos, la quema de libros, el cierre de editoriales y revistas locales, la clandestinidad a la que fueron sentenciados hombres y mujeres,

amplia discusión sobre la recepción de Althusser en América Latina y la forma en que su integración al campo permitió la entrada del estructuralismo y, luego, el postestructuralismo francés. Véanse Aguirre (2013), Bórquez/Rodríguez (2010) y Valderrama (1998).

17. Nelson Osorio en su introducción a la última edición de *Sobre literatura y crítica latinoamericanas* nombra aquel fenómeno que aún persiste en su imprecisión y no tiene nombre. Osorio nombra a esa nueva comunidad, que Gilman llama la "familia intelectual latinoamericana", la "nueva crítica latinoamericana". Se desprende de esta denominación o bautizo el propósito de designar y fijar la existencia de una 'formación' y elaborar una genealogía del grupo con el que este trabajo está de acuerdo y quiere alinearse. Véase Osorio (2013).

el exilio, la tortura, el encarcelamiento y el asesinato, fueron algunos de los categóricos procedimientos que usó la gramática dictatorial para corroer los puentes de filiación entre un número enorme de artistas, críticos y académicos. La intensa promoción del terror produjo que la lógica del silencio y el repliegue penetrara e invadiera la práctica intelectual relegada a focos de resistencia restringidos y temerarios que exigían poner la vida en permanente riesgo. Por otro lado, estos brutales eventos se configuran como la manifestación concreta y tangible de la provisional derrota de una versión[18] del proyecto descolonial latinoamericano. Las expectativas puestas en las posibilidades de llevar a cabo el proceso de emancipación material y simbólica y de igualdad social se quebraban y se confirmaba que, aunque el revolucionarismo global había vaticinado la agonía del capitalismo, este se sobreponía a ella con nuevos bríos. En la innegable sospecha de la intervención directa en estos hechos de los Estados Unidos, se presentía el regreso al orden (neo)colonial, destino del cual parecía imposible escapar.

Sin embargo, aun cuando es evidente y lo hemos señalado, que estos sucesos determinaron una erosión en la trayectoria de esta 'nueva crítica' y del campo en general, no estamos de acuerdo con la tesis que plantea que estos eventos prescriban su fin y quiebre definitivo. En discrepancia con las conclusiones que, por ejemplo, presenta Claudia Gilman en *La pluma y el fusil* y que representa el pensar de algunas y algunos intelectuales, estos avatares habrían dispuesto la escena para una reconfiguración del campo. Como lo muestra la evidencia que hemos recogido y que ampliaremos en las páginas que siguen, lejos de disolverse definitivamente, los lazos entre los integrantes de la comunidad crítica que se había ido configurando durante la segunda mitad del siglo XX, buscan nuevas formas de restablecerse y encontrarse luego de

---

18. La lucha por la emancipación continental o nacional y el 'impulso descolonizador' no se constituyen como una empresa que haya terminado en los años setenta, como muchos de los herederos del mismo teorizan y determinan su ocaso y definitivo desplome ya en los noventa. Al contrario, pienso que el resurgimiento de movimientos nacionales y líneas teóricas desde los años dos mil develan que este proyecto, de nuevo en una 'versión' modificada para su coyuntura, sigue presente y parece integrar parte activa tanto en discusiones políticas locales como a nivel teórico e intelectual dentro y fuera de la academia.

los fatídicos hechos que tienen lugar en el Cono Sur[19]. Si bien es cierto, como plantea Gilman, las fórmulas de interacción y las prácticas de intervención intelectual tradicionales se transformarán y darán paso a nuevas estrategias para entrar y salir del espacio público, no creemos que las que se usaron habitualmente sean relegadas ni proscritas. Los mecanismos 'conocidos' para conformar comunidad, consolidarla y ampliarla y, por lo tanto, de hacer circular el 'saber' que esta (re) produce siguen insistiendo en reconstruir un campo evidentemente golpeado y saboteado. En este sentido, precisamente, Antonio Cornejo Polar y Ángel Rama serán figuras cruciales en el proceso de rearme y rearticulación que implica retomar el desafío dispuesto por la *intelligentsia* progresista latinoamericana.

La entrada de Antonio Cornejo Polar en la escena de la crítica literaria latinoamericana tiene lugar, justamente, el año 1973. Aun cuando su intervención crítica habría comenzado germinalmente un año antes, cuando fue invitado a participar como jurado para el premio de literatura de Casa de las Américas, es en el año de los golpes uruguayo y chileno cuando comienza su labor concreta haciendo colaboraciones más habituales para la revista cubana[20]. Paralelamente, en ese mismo periodo, dos grandes proyectos catapultan su integración al circuito: la publicación en Perú de *Los universos narrativos de José María Arguedas* (1973) y la preparación definitiva, junto a Nelson Osorio y Raúl Bueno, de la *Revista de Crítica Literaria Latinoamericana*[21] (*RCLL*). Así

19. En la escena de la política propiamente tal también puede verse este intento de restablecimiento en el momento de álgida articulación de los movimientos de liberación nacional en Centroamérica inspirados en la experiencia cubana. En El Salvador el FMLN, en Guatemala el EGP y en Nicaragua el sandinismo inician a principios de los setenta la lucha popular a partir de la cual conseguirán más tarde, a fines de la década o principios de los ochenta, derrocar a sus gobiernos antidemocráticos para comenzar su propia revolución socialista.

20. Según nuestras investigaciones del archivo epistolar de Antonio Cornejo Polar la relación con el circuito comienza con la invitación que recibe a principios de agosto de 1972 para participar como jurado del premio que ofrece la editorial Casa de las Américas. Archivo Epistolar, CELACP, Lima, Perú. Bancroft Library, 000082, *folder* 9/8, *reel* 15.

21. Aunque su primer número verá la luz definitivamente en 1975 bajo la administración devota e inquebrantable de Cristina Soto, la revista comienza a fraguarse

como Carlos García Bedoya reconoce que en su itinerario intelectual y académico Antonio Cornejo Polar experimenta un 'giro teórico' en la segunda mitad de los años setenta, nosotros podemos convenir que este conjunto de gestos podrían constituir la evidencia de un 'giro político' en su trayectoria. Según el testimonio de su compañera Cristina Soto[22], aun cuando Cornejo nunca fue una persona desinteresada ni apática políticamente, esa preocupación no habría traspasado las fronteras de su vida personal sino hasta 1966, cuando se trasladan desde Arequipa a Lima. Un vez afincados en la capital, el trabajo académico de Cornejo comienza a reorientar su vocación. Hasta el momento, sus investigaciones, trabajos escritos y su docencia habían estado centrados en el área de la poesía española y los modos de acercamiento teórico a sus análisis provenían de la escuela filológica tradicionalmente bien atornillada en los salones universitarios de la academia hispanoamericana[23]. El trabajo más relevante de esta época, *Discurso en loor de la poesía. Estudio y edición*, su primera publicación, del año 1964, por cierto, da fe de las características de su trabajo en ese primer periodo de su itinerario intelectual, el cual Carlos García Bedoya bautiza como su 'etapa arequipeña'[24].

---

durante los primeros años de los setenta. Su organización y publicación se verá suspendida por dos razones. La primera es el golpe cívico-militar chileno. Precisamente en ese año de 1973, el profesor Nelson Osorio, compañero de labor de Cornejo y Bueno, que en ese momento trabajaba en la Universidad de Chile, fue exonerado y luego exiliado. Este hecho marca una interrupción importante en la producción del suplemento. Pero también, según relata Cristina Soto, las gestiones para financiar las revistas no fueron fáciles ni para esa primera salida ni nunca. Fue muy difícil conseguir patrocinio (estable), por lo que la revista siempre se publicó a contrapelo y acudiendo a los amigos y la propia familia.

22. Entrevista exclusiva para este trabajo.

23. Para una revisión profunda del trabajo de la etapa que cubre el periodo 1963-1971, véase Mondragón (2016).

24. En su iluminadora y precisa "Introducción" a la nueva edición de *Sobre literatura y crítica latinoamericanas*, de 2013, el profesor Carlos García Bedoya reconoce en la trayectoria intelectual de Antonio Cornejo Polar tres etapas que, consecuentemente, distinguen momentos de su vida académica: la etapa arequipeña (1959-1966), la etapa limeña (1966-1987) y la estadounidense (1987-1997). La temporada capitalina, a su vez, distinguiría dos periodos, el primero que va desde el 66 hasta fines de los setenta, y el siguiente, que llama el momento del 'giro teórico', que

El desplazamiento geográfico, el movimiento hacia el 'centro' capitalino es fundamental en este 'giro político' del programa cornejiano. Este traslado le permitiría entrar en contacto, precisamente, con el movimiento aglutinador que tenía lugar en el campo intelectual que auspiciaba el proceso al socialismo de la Revolución. La efervescencia de esa 'sensación de coherencia', como la llamara José Donoso, la expectativa de los cambios y transformaciones que podían liderar los intelectuales en el año 1966 —como observábamos antes—, podrían haber estimulado precisamente un autocuestionamiento y la revisión de la trayectoria como se habría ido desenvolviendo hasta ese minuto. Unido a lo anterior, el habitar el centro también le habría permitido a Cornejo comenzar a recolectar las herramientas teóricas e ideológicas necesarias para formular lo que al parecer hasta ese momento se configuraba como una intuición: la importancia radical de la relación entre texto y contexto. Nos explica García Bedoya:

> En esta etapa, su formación inicial se enriquece con varios aportes. En primer lugar, los del estructuralismo, en especial el francés; resultará clave la influencia de Lucien Goldmann, que le permitirá afinar los instrumentos para abordar la relación texto-contexto. En segundo lugar, será fundamental el pensamiento de José Carlos Mariátegui, cuyos planteamientos seminales resultarán de enorme relieve para el posterior desarrollo de sus aportes teóricos (2013: 27).

Para 1974, estos 'descubrimientos' ya habrían cuajado y las exigencias que imponía una coyuntura adversa y preocupante podrían haber sido el disparador para comenzar a delinear una voz enunciativa; para construir un programa que diera cuenta de las nuevas necesidades que planteaba tanto el objeto literario como la escena convulsa en que este estaba siendo producido. Los gestos están a la vista: la publicación de un libro que será fundamental para cambiar el rumbo de los estudios

---

duraría desde el 77 hasta su partida a los Estados Unidos. Respecto de esa primera etapa, García explica: "En estos años es fundamental la influencia de la estilística y de la tradición filológica, aunque ya se evidencia el inicial impacto de otros enfoques teóricos metodológicos, como la fenomenología y los primeros efluvios del estructuralismo" (García Bedoya 2013: 25). Para otras importantes e iluminadoras periodizaciones de la trayectoria cornejiana, véanse Sobrevilla (2001: 24) y Rojo (2012: 219-259).

literarios latinoamericanos —me refiero, por supuesto, a *Los universos narrativos*—, la impronta de refundar un espacio de discusión continental, la preparación de la *Revista de Crítica*, el inicio del contacto con el centro organizador de *Casa de las Américas* y, en relación a su labor docente, la inauguración de la cátedra de Literatura Hispanoamericana que integra un enfoque continental y su aporte en la reforma curricular que asume una línea fuertemente peruanista y latinoamericanista (García Bedoya 2013). Todos estos guiños develan una voluntad de rearmar una comunidad, de rearticular un campo erosionado por las divergencias y la intervención fatídica de los golpes de Estado. El próximo paso comienza a dibujarse en los primeros artículos que darán forma en 1975 a *Sobre literatura y crítica latinoamericanas*.

Por su parte, la trayectoria de Ángel Rama comienza a delinearse varios años antes y, a diferencia de la del peruano, se despliega activamente durante el periodo del nacimiento y formación del campo intelectual latinoamericano de los sesenta. Las primeras incursiones de Rama se observan en su enérgica actividad, que comienza tempranamente cuando se posiciona como promotor de la llamada Generación del 45 (o la Generación Crítica) en Uruguay. Como parte de un colectivo que reúne artistas, críticos y académicos, Ángel Rama, desde el inicio de su carrera, define su quehacer en relación a la construcción de una comunidad comprometida con la organización y difusión de la producción artística local uruguaya, en un primer momento, y de la regional un poco más tarde. Junto al grupo compuesto por creadores y estudiosos como Mario Benedetti, Amanda Berenguer, Emir Rodríguez Monegal, Idea Vilariño, Carlos Martínez Moreno, Carlos Real de Azúa, José Pedro Díaz, Ida Vitale, entre otros, se pone como objetivo movilizar la escena artística uruguaya del momento, difundirla, pero también incentivar y activar la crítica realizando un trabajo de rescate de los estudiosos de la literatura y los intelectuales más importantes de su país. Como señalará ya a principios de los ochenta, si bien la crítica no constituía las obras, sí fundaba una literatura como "un corpus orgánico a través del cual se exhibía una cultura, una nación y un pueblo". Con esta idea de fondo, Ángel Rama comienza a integrar el fenómeno de la conformación de la familia intelectual latinoamericana. Ya en 1959, su rol de articulador se hace patente cuando se le encomienda la tarea de dirigir el suplemento literario de la revista *Marcha*. A través de ella comenzará a establecer redes y congregar la colaboración de intelectuales de toda la región uniendo la reflexión del Cono Sur con los debates críticos de los países ubicados más al norte[25]. Tres años más tarde crea la editorial Arca, cuyo objetivo es publicar a escritores uruguayos más o menos divulgados, y también dar a conocer las nuevas voces del momento.

Sin embargo, creemos que el hecho que signa su entrada definitiva al concierto de las voces de la comunidad latinoamericana será la invitación que recibe de *Casa de las Américas* a formar parte de su Comité de Colaboración. El trabajo de ligazón que estaba realizando desde el 59 en *Marcha* lo posiciona como una pieza fundamental en la organización de una comunidad reflexiva y, por supuesto, el 'llamado' que recibe desde La Habana será fundamental para el rol que comenzará a desempeñar en la concreción de las redes entre intelectuales. Ángel Rama es un ferviente trabajador dentro del proceso de la Revolución Cubana. Cuando este se inicia en el crepúsculo de los años cincuenta, el uruguayo reconoce allí un espacio en el que sus ideas políticas y su concepción política de la cultura encuentran eco:

> Formado en un marxismo antidogmático, [Ángel Rama] vio en la Revolución cubana (como la mayoría de los intelectuales latinoamericanos) un proceso esperanzador y dinámico donde socialismo y libertad podían coincidir en una misma fórmula, a diferencia de las sociedades monolíticas de los países socialistas del este europeo (...) veía en la política cultural cubana un espacio de libertad creativa que debía preservarse y estimularse (Peyrou 2008: 20).

Esta nueva y fuerte preocupación por los asuntos regionales y su voluntad por construir el campo que diera legitimidad a una idea de lo 'latinoamericano' y al corpus que la representa, se sigue consolidando

25. Detalla, Rosario Peyrou, en su prólogo al *Diario* de Ángel Rama: "Un somero repaso a algunos de los nombres que colaboraron en *Marcha* en esos años puede servir como muestra: José Miguel Oviedo, Ricardo Latcham, César Fernández Moreno, Roberto Fernández Retamar. Noé Jitrik, David Viñas, Salazar Bondy, Mario Vargas Llosa, Ernesto Sábato, Carlos Drummond de Andrade, Juan Goytisolo, Blas de Otero, Guillermo Cabrera Infante, José María Arguedas, José Donoso" (2008: 15-20).

también a nivel de su práctica pedagógica. En 1966 Ángel Rama es nombrado director del Departamento de Literatura Hispanoamericana de la Universidad de la República en Montevideo, y su cátedra sobre 'Nueva Narrativa Latinoamericana' se convierte en una plataforma esencial a través de la que ensaya, prueba y difunde su perspectiva crítica. En este sentido, vemos cómo se va montando y equipando el proyecto teórico intelectual de Rama. Como lo hiciera Antonio Cornejo Polar más tardíamente en su itinerario, ya desde principios de los sesenta Rama comienza a construir un andamiaje bastante articulado que le permite cubrir todos los aspectos de la producción simbólica y cultural: a través de gestos concretos apunta a la médula de los aparatos de promoción y tráfico del discurso. Crea, por ejemplo, un corpus, participando en comités de redacción/colaboración y siendo jurado, también escribiendo reseñas y trabajos monográficos sobre los textos y autores que intenta consagrar en el canon. Además se impone la tarea de crear un público a través de la fundación de editoriales y la transmisión de nuevas lecturas críticas que lo forman y orientan. Estos mismos dispositivos de difusión, circulación y canonización son los que le permiten llevar a cabo su programa.

Sin embargo, así como fuera uno de los líderes más afectos del proyecto de emancipación cultural cubana, así también habría sido ferviente defensor de aquello que lo hizo adherir al proceso. El hecho de no repetir los excesos de la Unión Soviética bajo la tutela de Stalin y la persecución de la que fueron víctimas muchos artistas y críticos en Europa del Este, se convertía en un deber. Cuando estalló en 1971 el Caso Padilla, la reacción política de Rama, sin embargo, no fue terminante y se posiciona dentro del tipo de respuesta que no pretende desligarse de la Revolución creando polaridades. Es por eso que su gesto se compone de varias estrategias: primero, no firma la carta de los sesentaiuno, que representa el golpe más beligerante de una oposición hacia Cuba[26]. Luego, no renuncia a *Casa de las Américas* definitivamente,

26. Oposición que se va a cimentar sobre todo en figuras emblemáticas de escritores e intelectuales exiliados de la isla que buscan residencia preferentemente en los Estados Unidos. Es el caso de Reinaldo Arenas, Norberto Fuentes y Guillermo Cabrera Infante, quienes, por ejemplo, incluso cuando Ángel Rama se ve en

sino que 'interrumpe' su actividad en ella durante once años[27]. Pero tampoco deja abierta la puerta a la militancia y se adhiere entonces al gesto de los intelectuales de la revista *Libre*, con quienes había estado trabajando hace ya un año en una fórmula que evitara el divorcio con la Revolución y permitiera mantenerse al margen de las directrices del primer ministro. Finalmente, para pronunciarse concretamente al respecto del tenso incidente, Rama escoge escribir un artículo en su 'domiciliar' *Marcha*. En "Una nueva política cultural en Cuba"[28] analiza los cambios que está sufriendo la política cultural de La Habana y plantea su discrepancia ante las nuevas orientaciones que disponía la isla para los intelectuales. El texto, que aparece en *Cuadernos de Marcha* el mes de mayo de 1971, se publica junto al propio discurso que presenta Fidel Castro en abril ante los profesores[29], a pocos días del suceso, y en el que llama 'ratas intelectuales' a todos los que considera libelistas burgueses y agentes de la CIA.

Lo que sigue en la trayectoria de Ángel Rama hasta 1973 es el esfuerzo por construir el espacio que había dejado desactivado el conflicto del Caso Padilla. Su empeño entonces se dirige a retomar las redes formadas por los intelectuales que se habían unido en los años sesenta y a través de sus viajes, intervenciones escriturales (por ejemplo, su texto "La Generación Crítica" de 1972) y su práctica académica (creación del Centro de Estudios Latinoamericanos de la Facultad de Humanidades de la Universidad Central) intenta mantener en pie el mermado proyecto continental. Así es como, en 1972, llega a la Universidad Central de Venezuela en Caracas para realizar una serie de conferencias. Estando allí, para 1973 se entera del golpe de Bordaberry y, pocos meses más tarde, de que se le ha negado el permiso para poder volver

---

conflicto con Estados Unidos, que deniega su visa para trabajar en Maryland, escriben varios artículos acusándolo de, entre otras cosas, agente subversivo de la Revolución Cubana.

27. Según Rosario Peyrou, de hecho, existe en el archivo de Rama una copia de la carta que nunca envió a Haydée Santa María con su renuncia definitiva a *Casa de las Américas* (2008: 22). Rama solo habría hecho una pausa en sus colaboraciones para retomarlas en 1982.

28. *Cuadernos de Marcha*, nº 49, 1971.

29. Véase Castro (1971).

a entrar a su país[30]. Sin embargo, es en la capital venezolana y bajo esas condiciones de desequilibrio existencial que inaugura uno de sus proyectos más emblemáticos en lo que a una reorganización del canon se refiere: la Biblioteca Ayacucho. Aunque al parecer siempre significó para él un conflicto y un dolor de cabeza[31], la biblioteca es uno de sus gestos más visibles y categóricos —sobre todo en lo que respecta a sus efectos masivos en la difusión amplia de clásicos regionales— en lo que respecta a un programa que anhela la expansión de una tradición latinoamericana.

El paso que sigue en los itinerarios programáticos de Ángel Rama y Antonio Cornejo Polar es clave y coincide en ambos casos con la necesidad de dar la forma final a sus preocupaciones y acciones respecto del proyecto crítico latinoamericanista que han estado amasando. El escalón siguiente en la construcción del segundo momento del proyecto latinoamericanista y de una práctica crítica de la literatura regional es la construcción de una teoría, de una estructura que seleccione, catalogue y organice los objetos y los modos de lectura de una producción cultural caracterizada por su singularidad.

La necesidad de una teoría

Entre los años 1974 y 1982 comienzan a pensarse y escribirse los que serán dos textos fundamentales para la crítica literaria latinoamericana: *Transculturación narrativa en América Latina* y *Sobre literatura y crítica latinoamericanas*. En estos libros, Ángel Rama y Antonio Cornejo

30. Para Rama, 1974 se convierte en el año de la desilusión. Durante ese periodo inicia arduas gestiones burocráticas para poder recuperar la posibilidad de volver a Uruguay; sin embargo, es informado de que eso será imposible. Algunos años más tarde se ve obligado a nacionalizarse venezolano.

31. Es interesante leer respecto de la conflictiva relación que tenía Rama con el proyecto de la biblioteca en su *Diario*. Las quejas respecto a lo difícil de las negociaciones con el comité editorial, los obstáculos para lograr acuerdos y la frustración que le causaba la falta de coincidencia en lo que él consideraba como cuestiones esenciales, son prolíficas y exhiben muchas veces el hastío que este trabajo le significó.

Polar establecen las bases para volver a pensar aquello que desde las independencias se presentaba como un gran desafío para la comunidad geopolítica y que en los años setenta se convierte en una tarea fundamental: comprender el 'doble estatuto cultural' (Cornejo Polar 2013) de la producción artística y crítica de la región. Estos textos se constituyen como una respuesta, una reacción en bloque en el contexto de un periodo de redefinición de la identidad nacional y latinoamericana a partir de su producción cultural y, específicamente, literaria. Expresan una imagen de materialidad compacta compuesta por escrituras estructurantes que componen el dispositivo teórico y terminológico de una nueva narrativa sobre América Latina y redefinen con ello un corpus literario y el quehacer crítico.

Pero, así como surgieron de la necesidad de reorganizar el campo y de dar 'solidez' disciplinaria a las formas de lectura de lo 'propio', estas aventuras teóricas también se gestan a partir de los efectos que provocan los encuentros y transacciones que mantienen, preservan y protegen los intelectuales, y que habrían germinado y florecido a partir de las redes que fueron formando durante la década anterior. Los desplazamientos geográficos de artistas, académicos y críticos, las invitaciones a conferencias, a dar clases en universidades, la internacionalización de la narrativa y del narrador regional y el carácter de embajadores de la cultura latinoamericana que muchos de ellos obtuvieron bajo el patrocinio de la Revolución —y que conservaron luego de haberse alejado de ella—, les permite entrar o seguir en contacto con textos/cuerpos, tradiciones y novedades que estaban produciéndose en el resto del continente y, sobre todo, en Europa. Si bien Francia siempre ha sido un referente simbólico, cultural, filosófico y político para las élites económicas, políticas e intelectuales en América Latina, en los sesenta se había convertido en el país hermano en el proceso de emancipación y erguido como emblema de la lucha antifascista en su propio territorio. Sus círculos intelectuales de izquierda se acercaron a la causa revolucionaria y en ocasiones parecieron darle legitimidad 'universal' al movimiento gestado desde Cuba[32]. Barcelona fue, por

32. El caso de Sartre es paradigmático en este sentido, tanto en lo que respecta a la sincronía y coincidencia de sus reflexiones con los procesos mundiales y

su parte, el domicilio escogido por otros muchos intelectuales en esta época (Donoso, Vargas Llosa, entre otros). La cercanía con el resto de los centros de conocimiento de la zona y su carácter de sede del apogeo editorial de los sesenta motivó que muchos encontraran en sus playas y urbe cosmopolita el lugar ameno de una nueva residencia intelectual. La circulación de textos e ideas que estos movimientos geográficos produjeron habría estimulado también la pretensión de modificar los marcos de estudios de la literatura y promovido la consecuente búsqueda de nuevas matrices de lectura para dar cuenta de los fenómenos escriturales latinoamericanos.

Aunque esta disposición y aspiración teórica tendrá en nuestros autores respuestas divergentes, en ambas experiencias coincide, por un lado, la necesidad de dar solidez al campo y, por otro, la experiencia del traslado que permite la activación del contacto o el descubrimiento de nuevas textualidades. Tanto la intervención de Cornejo como la de Rama se enmarcan en el contexto de una fuerte preocupación por el estado actual del campo y de su renuencia frente a las fórmulas que monopolizaban el quehacer de los estudios literarios, determinando las formas de lectura tanto de la tradición como de la nueva producción literaria del momento. Por otro lado, el viaje, voluntario de uno y forzado del otro, los incita de manera particular a considerar el viraje de sus proyectos.

---

latinoamericanos ante el problema de la (neo)colonialidad, como también en lo que concierne al fenómeno de legitimación que produce el reconocimiento internacional que hace el filósofo francés de la experiencia cubana. De ese encuentro y de dos textos que escribe Sartre a propósito del viaje que realiza a la isla resulta el libro *Sartre visita Cuba. Ideología y Revolución. Una entrevista con los escritores cubanos y Huracán sobre el azúcar*. Justamente el resultado de la publicación de estos escritos en la revista *France Soir* y su traducción a varios idiomas no resultaría en otra cosa que en la efectiva difusión e internacionalización del proyecto emancipador anticolonial cubano avalado y certificado por el prestigioso especialista metropolitano. Véase Ponte (1961).

Teorizar la descolonización

La preocupación de Ángel Rama por la falta de orden y trabajo serio dentro del campo de los estudios literarios, en definitiva por la carencia de una teoría, se percibe en los insistentes comentarios que hace en el diario que escribe mientras vive el exilio en Venezuela y que comienza a redactar en 1974. Se cuela en sus apreciaciones un fuerte desprecio por la falta de rigurosidad del trabajo académico general en su experiencia universitaria en Caracas. La paulatina escritura de los artículos que componen *Transculturación narrativa* responde en gran medida a esa incomodidad con el medio y a las preocupaciones que arrastra desde hace tiempo frente a la falta de un sistema de lectura. Sin embargo, quizás, también corresponda al estímulo que le provoca precisamente el comienzo de un diálogo intelectual que surge del desacuerdo y que se materializará en una amistad cuando inicia en 1975 su relación epistolar con Antonio Cornejo Polar. Y es que se hace imposible ignorar en la lectura de *Transculturación* el murmullo de *Los universos narrativos* publicado un año antes. El texto de Rama se constituye como una respuesta, aunque a veces esquiva, a los planteamientos que hiciera Cornejo en su texto sobre Arguedas. Sabemos que Rama conoció el libro, lo leyó y, de alguna manera, comenzó a escribir sus artículos desde 1974[33] dialogando con el texto del peruano. Ciertos planteamientos respecto de la obra de Arguedas se registran como presencias a veces ausentes, por ejemplo, en lo que se refiere a la discusión que latamente Rama mantiene con el 'indigenismo' en el subapartado "El indigenismo del mesticismo" y con la cual inaugura el capítulo "El área cultural Andina" (1974). O en la cita al pie de página en la que se refiere, frente a esta

33. En la "Nota" que abre el libro *Transculturación narrativa en América Latina*, Ángel Rama observa que solo los textos que componen su tercera parte ("La novela-ópera de los pobres" y "Los ríos cruzados, del mito y de la historia") habrían sido escritos exclusivamente para la edición de 1982. Por su parte, los de la primera y segunda parte fueron publicados por primera vez en 1974, a excepción de los dos últimos de esa segunda sección: "La gesta del mestizo" (prólogo al libro de José María Arguedas *Fundación de una cultura nacional indoamericana*) publicado en 1975 y "La inteligencia mítica" publicada en Arca en Montevideo en 1976. Véase Rama (1982: 8).

misma discusión, a la "excelente revisión de la tesis dualista" (2004: 178) que hiciera Cornejo en *Los universos narrativos*. Pero, sobre todo, y ya una vez sumergido en el exhaustivo análisis sobre el libro de Arguedas, se pueden ver marcas de varias divergencias con las que instauraría un diálogo teórico de largo aliento[34].

De esta manera, las redes intelectuales, una vez erosionadas, vuelven a reconfigurarse. Prueba de ello es el hecho mismo de que uno de los más importantes textos críticos sobre la literatura latinoamericana, *Transculturación narrativa en América Latina*, se alimenta y surge, precisamente, usando las viejas técnicas de relación intelectual: la comunicación y discusión a través del objeto libro.

La teoría que se inscribe en el texto que se publica definitivamente en 1982 se construye a partir de la categoría de 'transculturación' que Rama toma como préstamo[35] de Mariano Picón Salas (*De la conquista a la independencia. Tres siglos de historia cultural hispanoamericana*, 1944) y Fernando Ortiz (*Contrapunto cubano del tabaco y el azúcar*, 1940), y se ajusta para adecuarla a la reflexión acerca del proceso literario de América Latina. Este término se convierte en el núcleo que permite comprender la producción cultural y específicamente escritural y, a partir de él, entonces, es que se lee su historia. En este sentido, el tratado de Ángel Rama cumple con la primera exigencia de todo sistema teórico epistemológico: establece un término basal a partir del cual se ilumina un fenómeno opaco y se concibe una nueva interpretación

---

34. La evidencia que hallamos para corroborar este diálogo son marcas y referencias literales a las propuestas de Antonio Cornejo en la tercera parte de *Transculturación narrativa*. En el tercer capítulo —que, sin embargo, había sido escrito en 1982—, Rama cita dos veces a Cornejo. La primera vez acusa a uno de sus artículos ("José María Arguedas, revelador de una realidad cambiante", 1971) de participar de una lectura displicente que condena *Los ríos profundos* a la dualidad reductiva. La segunda, utiliza la referencia a *Los universos narrativos* para reafirmar la existencia en el texto de Arguedas de una tensa relación con la sexualidad y que, al parecer, proyectaría la experiencia educativa del mismo autor.

35. Una propuesta que exploraremos más a fondo en adelante será precisamente el carácter transculturado y transculturador del propio texto de Rama. Como una puesta en abismo, el texto se convierte en una máquina transculturadora (*inputs-outputs*) a la que se integran nociones venidas de diversas disciplinas, territorios y lenguas para luego emerger como nuevos conceptos robustecidos.

de la historia (literaria). Luego, para continuar configurando su andamiaje, enfoca sus esfuerzos en definir y explicar el término 'transculturación' y lo hace funcionar leyendo la historia y la geografía de América Latina bajo su lente. De esta manera, expone un método de examen de la trayectoria histórica y del territorio transculturado a partir de la tácita pregunta de cómo leemos el fenómeno a partir de esta nueva categoría.

Bajo la premisa de que el texto es cultura y el texto es texto cultural, Rama traslada el término 'transculturación' hacia su propia área de juego, a su propio campo de estudio. De allí, entonces, la tarea es determinar cuál es esa literatura transculturada y cómo se comporta y, mientras cumpla con las particularidades que impone el sistema, es que esa obra entra al canon. El paso final es analizar el proceso del cómo y en qué circunstancias cada uno de esos textos transculturados llega a serlo.

Precisamente en los dos capítulos de la primera parte del texto[36], Ángel Rama establece una interpretación de la historia de América Latina. A partir de un modelo pendular que oscila entre los que llama 'impulsos modeladores': independencia, originalidad y representatividad, por un lado, y cosmopolitismo e internacionalismo, por el otro, describe la fórmula a través de la cual las élites habrían lidiado —y por qué no, fantaseado— con la 'idea' de lo latinoamericano. Este movimiento sería inmanente al desarrollo de la cultura y la creación literaria en la medida en que ambas se habrían engendrado en el rechazo primigenio a sus fuentes coloniales, como una negación del origen bifronte. Este rechazo vería su reverso en el internacionalismo y la integración, a veces incluso soslayada, de la búsqueda de sistemas y códigos alternativos que no habrían sino reactualizado la sujeción a una 'otra' norma extranjera[37]. Siguiendo el esquema diagnóstico, determina los momentos

36. Los primeros dos artículos, "Literatura y cultura", "Regiones, culturas y literaturas" son desarrollos de artículos que se escriben y publican en Venezuela en 1974. Y el primero de la segunda parte del compilado, "El área cultural andina", que data del mismo año. En estos tres textos, escritos en 1974, se define el término transculturación y se lee la historia y la geografía de su actualización.

37. Como forma de asumir la independencia de España, entonces, se asumirán, por ejemplo, las normas estéticas del Renacimiento Italiano o del clasicismo.

en los que esta tensión se ha manifestado como una oposición entre lo nacional y lo extranjero, y es así como determina tres episodios orgánicos: el de las independencias (1810), el del periodo modernizador (1870-1910) y, por último, el de los momentos de emancipación interna (1910-1940) que encabezan las burguesías nacionales en contra de las oligarquías y que se desarrollan en un segundo periodo de industrialización/modernización radical. Rama entonces identifica el común denominador de estos eventos y desde allí integra el concepto que le interesa fijar para construir su sistema: aquello que mueve la historia y las formas culturales que dan cuenta de la experiencia —entre ellas, por supuesto, la literatura— son los distintos procesos de modernización; una modernización que como una ola acecha, se acerca desde lejos y se instala en un terreno fértil para gatillar el proceso bautizado como transculturación. Esta, entonces, será entendida como el efecto de un contacto entre una tradición y una novedad que se encuentran y afectan, produciendo

> pues, pérdidas, selecciones, redescubrimientos e incorporaciones. Estas cuatro operaciones son concomitantes y se resuelven todas dentro de una reestructuración general del sistema cultural, que es la función creadora más alta que se cumple en un proceso transculturante (2004: 39).

Siguiendo con el plan sistematizador de su proyecto, en la segunda parte, lo que hace es analizar las zonas donde el conflicto causado por la acción externa de la modernización alcanza un nivel de acidez extraordinaria. Aquellos territorios donde los efectos de la transacción pueden apreciarse de manera particular, según plantea, debido al grado de fosilización y rigidez que caracterizaba sus formas culturales tradicionales. Al analizar estos objetos radicales, específicamente las zonas internas del área cultural andina cuyo paradigma es la sierra surperuana, entra también en la discusión acerca de la territorialidad y organización geopolítica de las llamadas 'naciones' y cómo estos espacios solo se consideran desde una perspectiva política. En este sentido, Rama se propone hacer un rescate del estatus cultural de las zonas de conflicto y realizar una lectura antropológica de sus transformaciones. De esta forma, en la segunda parte del itinerario de su andar teórico, aplica la categoría de transculturación a las zonas de álgido conflicto y describe los efectos que del proceso se obtienen. Finalmente, introduce el análisis de la que considera una de "las formas superiores en que el espíritu puede integrar las fuerzas en acción y encontrarles una visión equilibradora" (2004: 122). Se refiere a la obra de Arguedas, a quien el uruguayo convierte en el modelo literario, intelectual y vital de la transculturación[38].

En los textos reunidos en la tercera y última parte del libro, escritos especialmente para la publicación del 82, Rama dedica sus páginas a la lectura acuciosa a la obra del "educador, etnólogo y escritor" José María Arguedas, *Los ríos profundos*. Con este gesto comienza a cerrar el ciclo escritural de su tratado epistemológico. Al actualizar su sistema echando a andar su máquina teórica sobre el objeto textual específico y aplicarle su estructura interpretativa, alcanza el último estadio de consecución del saber: la prueba, la evidencia indubitable. *Los ríos profundos* se transforma en el modelo que Rama ha tejido desde el inicio de su texto. Lo que busca el crítico encontrar y mostrar, a través de la exégesis de esta obra paradigmática para su andamiaje teórico, es 'una obra' ejemplar.

En el contexto de una descoyuntura familiar —la familia intelectual latinoamericana a la que Rama pertenecía y lideraba—, padeciendo la experiencia de un incómodo y doloroso exilio y de la desarticulación de un proyecto colectivo que había asegurado la coherencia de la identidad personal y comunitaria, surge la necesidad del orden y la reorganización. El impulso descolonial aparece entonces con fuerza en el proyecto de Ángel Rama. El gesto que se alinea con este impulso es el de la creación de una teoría como una forma de reafirmar la independencia, de reconstruir esa América Latina que se había imaginado, y de evitar, como dice en *Transculturación*, la imitación de recetas conceptuales que, surgidas de la experiencia de otras realidades, eran aplicadas a la lectura de la producción cultural sin previo examen. Las acciones asociadas a la construcción del sistema confirman esta voluntad descolonizadora.

38. Volveremos sobre este planteamiento y profundizaremos en él en el tercer capítulo de este trabajo.

> La única manera que *el nombre* de América Latina no sea invocado en vano es cuando la acumulación cultural interna es capaz de proveer no solo la "materia prima", sino de una cosmovisión, una lengua, una técnica para producir obras literarias. No hay aquí nada que se parezca al folklorismo autárquico, irrisorio en una época internacionalista, pero sí hay un esfuerzo de descolonización espiritual, mediante el reconocimiento de las capacidades *adquiridas* por un continente que tiene ya una muy larga y fecunda tradición inventiva, que ha desplegado una lucha tenaz para constituirse como una de las ricas fuentes culturales del *universo* (2004: 20; las cursivas son nuestras).

La teoría que construye Ángel Rama, entonces, se concibe como una reivindicación. La idea de rescatar el concepto de transculturación y convertirlo en la fuente y principio de una teoría, significa reorganizar el concepto —el nombre— y la idea de América Latina. Porque, precisamente, para Rama, el itinerario cultural y la trayectoria de la producción literaria en Latinoamérica nacen de la autonegación de su carácter transculturado, es decir, de un gesto que desconoce los beneficiosos encuentros y negociaciones que se producen una vez y cada vez que los colonizadores o las fuerzas modernizadoras han arribado a la orilla del 'nuevo mundo'. La forma descolonizadora aparece aquí como el intento de no polarizar o, más bien, de armonizar lo que permanentemente en la historia de la cultura y la literatura ha sido leído como enfrentamiento de 'los contrarios'. Desmarcando la 'identidad latinoamericana' de su ser puramente extranjero o, al contario, estrictamente local, asume las condiciones de lo que considera inevitable, la acción del progreso y la modernidad.

Por su lado, en el apéndice del primer artículo[39] que abre la colección *Sobre literatura y crítica latinoamericanas*, Antonio Cornejo Polar manifiesta sus grandes preocupaciones respecto de la crítica que se hace cargo de la producción regional, pero ante todo plantea la que cree es su función fundamental:

39. Este artículo, titulado "Problemas de la crítica hoy", apareció en la revista mexicana *Texto Crítico* en 1977. Es necesario subrayar que la palabra 'descolonización' solo es usada por Cornejo avanzada ya la década del setenta; sin embargo, igualmente es importante destacar que como apéndice a un texto anterior (1975) resume o sintetiza con un vocabulario más cargado y específico, eso sí, ideas que ya estaban rondando la cabeza de Cornejo desde antes.

> Quisiera enfatizar finalmente que la crítica literaria latinoamericana debería considerarse a sí misma como parte integrante del proceso de liberación de nuestros pueblos, no solo porque de alguna manera es también crítica ideológica y esclarecimiento de la realidad, en cuanto define la índole de las imágenes del mundo que la literatura propone a los lectores y en cuanto determina las características de un proceso de producción que reproducen la estructura de los procesos sociales, sino, también, porque al proponerse un desarrollo en consulta con los requerimientos específicos de su objeto está cumpliendo, en el orden que le corresponde, una importante tarea de descolonización (2013: 58).

La labor emancipadora que le atribuye el peruano a la crítica se la arroga a su quehacer mismo como un deber irrenunciable. Su proyecto desde principios de los años setenta carga eminentemente con este propósito: una lucha por la liberación y, en el caso específico de la teoría que construye, también de redención de la producción artística que el canon universalizante ha dejado fuera.

Según Carlos García Bedoya, esta necesidad teórica se proyectaría en lo que llama el 'giro teórico' del programa de Cornejo, que tendría su origen en su afanosa lectura sobre el pensamiento estético-político de Mariátegui y sus investigaciones sobre la narrativa indigenista. Por otro lado, también la certeza cornejiana de la íntima relación entre texto y contexto lo empujaría no solo a buscar las fórmulas de interpretación y análisis literarios que den cuenta de esa relación sino también a construir un sistema que se funde en esa certeza. Es así como en los primeros artículos del libro, Cornejo Polar ya expone que el objetivo de la crítica es diseñar un procedimiento de lectura de 'signo latinoamericano'.

La preocupación de Cornejo Polar respecto a esa 'literatura latinoamericana' tiene varios niveles determinados también por esta disposición historiográfica que organiza y estimula su propuesta[40]. El peruano no solo está pensando en una operación de redefinición del concepto, dinámicas y temporalidades de una literatura 'regional global', sino también en la reivindicación de las 'literaturas menores', aquellas ignoradas por las pulsiones colonialistas de ciertos historiadores de la literatura. Finalmente, está considerando una fórmula de legibilidad para una nueva escritura 'actual' que está poniendo en juego una nueva

40. Véase Perús (2007).

versión de 'lo latinoamericano'. Aquí me refiero obviamente a la 'nueva narrativa latinoamericana' (problemáticamente conocida también como 'el *boom*'[41]), que estaría exigiendo nuevas formas de lectura y canonización en la coyuntura extraordinaria de éxito internacional y 'autonomización' respecto del canon central (Cornejo 1999). En este sentido, a partir de la edificación de un modelo teórico, Cornejo estaría construyendo un 'sistema de sistemas'[42] que pretende articular en el proceso histórico particular de América Latina: la diversidad, la literatura latinoamericana como globalidad, las literaturas locales/nacionales, las manifestaciones que hasta el momento no habían sido consideradas ni siquiera como 'propiamente' literarias y esa 'nueva literatura regional' que surge a raíz de la "transformación del sistema productivo de la novela hispanoamericana" (2013: 162), la narrativa, que bautiza, del 'nuevo orden'.

Para llevar a cabo la empresa de la construcción de una 'nueva crítica'[43], lo primero que hace Cornejo Polar es examinar y diagnosticar su escenario teórico actual. Se refiere a la problemática metodológica que enfrenta en el contexto de los años setenta, a la falta de herramientas que permitan leer la producción literaria regional y al cómo esos problemas se agudizan cuando existe la necesidad de definir una "crítica latinoamericana". Finalmente, propone una salida frente a los obstáculos: un proyecto que redefine incluso la noción misma de lo literario.

En la primera parte de *Sobre literatura y crítica*, "Problemas y perspectivas de la crítica literaria latinoamericana" (1974-1975) y su apéndice, "Problemas de la crítica hoy", escrito en 1977, el autor

41. Sin embargo, hay que señalar que coincidimos aquí con la lectura ramiana acerca del *boom* latinoamericano: un fenómeno que restringe su validez solo a ciertos autores. Véase Rama (1985: 24).

42. Para revisar un análisis completo de este concepto y del programa teórico de Antonio Cornejo Polar, véase Rojo (2012).

43. Como comenta Carlos García Bedoya en la Introducción ya citada, es interesante notar que Cornejo Polar pocas veces se refiere a las prácticas discursivas como prácticas teóricas, más bien las designa como la 'crítica'. A pesar de ello, es evidente que en la medida en que en varios artículos del texto está en juego el sistema de lectura, sus objetos y métodos, la reflexión que realiza el peruano es eminentemente teórica y desemboca en la elaboración de una teoría. Véase García Bedoya (2013: 33).

declara que la crítica literaria está viviendo una crisis en las bases del estatuto científico de su discurso y que, por lo tanto, el principal escollo que afronta es de carácter epistemológico.

> No la crítica toda, es cierto; pero sí su sector hoy más visible parece embelesado con ciertos progresos de disciplinas limítrofes, en especial de la lingüística y la antropología, y dispuesto a sacrificar su contenido humanístico al servicio de un conocimiento cada vez más formalizado, sin duda, pero también más inútil (2013: 10).

También acusa el monopolio discursivo del inmanentismo cientificista que deja fuera de su análisis el contexto de producción, la formulación estética y la funcionalidad social de la obra literaria, ya que en su afán universalizante ignora la especificidad de los textos producidos en cierto territorio particular y cruzados por tensiones que incluso incidirían en ese ámbito formal. Para Cornejo, esta aproximación teórica se convierte en la piedra de tope de la crítica, pues no solo se abstiene de integrar todos los ámbitos que componen su objeto de estudio (contexto, modos de producción, modos de recepción), sino que además es incapaz de lidiar con la que él considera la principal característica de la producción en Latinoamérica, su diferencia. De esta manera, Antonio Cornejo Polar deja al descubierto la doble ineficacia del modelo inmanentista. En primer lugar, su insuficiencia a nivel general, como teoría universalmente aplicable a 'cualquier objeto' y, en segundo lugar, una inoperancia a nivel epistemológico, es decir, como modelo para conocer, interpretar y dar cuenta del fenómeno estético caracterizado por su singularidad. En la medida en que este ejercicio dinamita las bases de un sistema de conocimiento, entonces, requiere y exige volver a precisar y delinear las categorías que permiten leer ese principio de singularidad.

Luego de realizar en los primeros dos artículos de la colección el diagnóstico del estado actual de la crítica latinoamericana y establecer la hoja de ruta para su renovación, Cornejo comienza a delinear los ejes centrales de su teoría. Cumpliendo con la máxima que da vida a su proyecto, inicia su análisis haciendo una relectura histórica de la realidad social peruana y de su producción literaria, concluyendo que existe todo un corpus de manifestaciones que ha sido borrado del mapa. Se enfrenta por ello a la tradición crítica peruana hispanocentrista y su deseo de "universalización del canon cultural de los grupos dominantes" (2013: 80), y opone la noción de 'totalidad conflictiva' al criterio de 'unidad' que había organizado la forma para construir la historia literaria nacional. De esta manera, ordena dentro de esa 'totalidad' cada uno de los sistemas que se articulan dentro de ella, el de la 'literatura erudita en español', el de la 'literatura popular' en la misma lengua y el de 'las literaturas en lenguas nativas'. Este procedimiento, que considera la convivencia conflictiva de las diversas producciones literarias sin borrar sus sinuosidades y diferencias internas, garantizaría el reconocimiento de todas las expresiones literarias que no encontraban espacio en el tradicional registro de las literaturas nacionales.

El desafío se encuentra ahora en cómo dar cuenta de cada uno de esos sistemas que componen la totalidad heterogénea. Intenta dar respuesta a la pregunta en "Para una agenda problemática de la crítica latinoamericana contemporánea: diseño preliminar" (escrito en 1981). En ese artículo, Cornejo plantea la necesidad de evitar el estudio aislado de los sistemas literarios argumentando que todos ellos participan en un proceso histórico común y, por tanto, deben ser analizados a partir de las formas en que confluyen y de los movimientos que los articulan en el tránsito de la historia. De esta manera, el método implicará revisar cómo las totalidades históricas (refiriéndose a épocas o momentos históricos marcados por episodios específicos, la Conquista, por ejemplo) abarcan sistemas y subsistemas literarios que se tocan, enfrentan, conviven y articulan problemáticamente en 'un' solo curso histórico general.

En la segunda parte del libro, Cornejo ensaya la misma fórmula que usara Rama en su *Transculturación narrativa*: la praxis seguirá a la teoría. En este momento se prueban y actualizan los postulados anteriores analizando trayectorias literarias específicas (la de Arguedas y la José Donoso, por ejemplo) y corpus tradicionalmente canonizados o ignorados (es el caso de la literatura de 'emancipación' y el indigenismo respectivamente). En estos análisis, Cornejo Polar busca precisamente mostrar el funcionamiento de su teoría, constatar las lecturas homogeneizantes que pertenecen a la lógica europeocentrista de la 'unificación', comprobar y analizar ejemplos de literaturas heterogéneas en las que el conflicto se hace latente (el yaraví, por ejemplo) y finalmente exhibir en cada una de sus lecturas los niveles de coherencia que presentan algunas literaturas heterogéneas, como es el caso de Arguedas.

El texto más temprano que compone el libro fue escrito por Cornejo en 1975. Como ya indicamos, este año comienza precisamente entre Rama y él una relación epistolar que devendrá en una fuerte amistad y que se extenderá hasta la muerte del uruguayo. De la primera carta que se tiene registro es de aquella que escribe Ángel Rama en agosto de ese año y en la que le pide a Cornejo Polar su colaboración para la publicación de la *Revista Ensayística* de la Universidad Central de Venezuela. La segunda, dos meses después, nuevamente surge de la iniciativa de Rama. En ella escribe:

> Me alegra saber que anda en proyecto parecido y con mucho gusto colaboro con él. Le adjunto el prólogo que preparé para la edición de ensayos antropológicos de Arguedas [se refiere a su compilación *Formación de una cultura nacional indoamericana*, de 1976.] que publicará Siglo XXI de México próximamente. Puede interesarle. Verá la utilidad que para mi trabajo representó su libro[44].

El extracto de esta carta nos confirma el inicio de una nueva relación intelectual, del contacto que inauguran dos figuras que reconocen su trabajo como un 'proyecto parecido' y que, precisamente, basa su similitud en la búsqueda de la renovación del sistema literario y de sus marcos de lectura. Un proyecto común que ve en la construcción de una teoría una reivindicación de la independencia de la producción artística, crítica y cultural de América Latina. Sus divergencias se constatan en el enfoque que cada uno de estos críticos imprimirá a su programa, que se materializan, por ejemplo, en las agudas diferencias entre las categorías de transculturación y de heterogeneidad[45], y que tempranamente también suenan en las primeras páginas de *Sobre*

44. Correspondencia privada de Antonio Cornejo Polar. CELACP. Lima, Perú.
45. Por razones obvias, Cornejo Polar tuvo tiempo para hacer notar y subrayar la diferencia entre estos términos. Su posición queda muy clara en el artículo que publica en su *Revista de Crítica Literaria Latinoamericana* "Mestizaje e hibridez. Los riesgos de las metáforas. Apuntes" en el que, luego de presentar sus acérrimos respetos a Rama, plantea que su concepto de transculturación se habría transformado en

literatura y crítica, cuando Cornejo directamente acusa los peligros de la antropologización de los estudios literarios.

El proyecto teórico y político de Antonio Cornejo Polar se seguirá desarrollando de forma permanente durante la siguiente década y, por supuesto, profundizará la propuesta que aquí presenta, como también la irá modificando sobre todo influido por su experiencia académica y por la constante comunicación intelectual que mantendrá a través de su revista y sus viajes. Sin embargo, a pesar de que en textos como *Escribir en el aire*, de 1994, o sobre todo en "Para una teoría literaria hispanoamericana: a veinte años de un debate decisivo" (póstumo, 1999) parece desconfiar de la posibilidad de concebir un sistema e incluso cuestiona algunos aspectos del proyecto de los setenta, aun así, parece no querer renunciar a ese impulso descolonizador que activa el fino reconocimiento de la diferencia marginalizada.

El dilema

A principios de los años sesenta el proyecto de liberación promovido por la Revolución Cubana dispone el escenario ideal para dar forma al impulso descolonizador que había sostenido desde las independencias. La Habana se transformó en el centro organizador de esa familia intelectual que se cobijó y benefició de sus aparatos de reunión, planificación y circulación del discurso. Bajo su alero, el discurso crítico que emerge desde 'lo descolonial' sentó las bases de una nueva versión de ciudad letrada que consagró sus esfuerzos en redimir la independencia y la diferencia de la región.

Sin embargo, al mismo tiempo, esta coyuntura actualiza la doble faz de esta pulsión emancipadora. Los intelectuales de la década de los sesenta, enfrentados al llamado de las armas y la renuncia de las letras, se ven atrapados en la 'aporía descolonial'. Este emplazamiento a asumir un nuevo lugar en el plan de liberación significa, precisamente, perder su 'lugar', despojarse del domicilio en el que históricamente se

"la cobertura más sofisticada de la categoría de mestizaje" (1998: 8). Sobre estas diferencias ahondaremos en el tercer apartado de este trabajo.

han instalado como poseedores de un saber universal. Tomar el fusil y unirse a las huestes guerrilleras significa asumir el discurso de 'la barbarie' y negar la civilización que lleva inserto el ideal del progreso y la modernidad occidental. Implica negar el arte así como se ha concebido por siglos, la belleza como ha sido dispuesta por los cánones metropolitanos, la lengua que ha sido instrumento de alfabetización. Pero también significa una renuncia tal vez más radical en este contexto; la abdicación a ser parte integral del pensamiento y la cultura universal. Esto pues uno de los logros que se les adjudica a los artistas, críticos y académicos de la década es precisamente haber conseguido que la producción literaria de América Latina fuera reconocida y llegara a ser parte de la biblioteca de Occidente. Por fin Latinoamérica poseía un espacio dentro de esa tradición central con sus libros y sus premios Nobel consagrando esta nueva era, la de la nueva narrativa latinoamericana. Declinar a este privilegio parecía un retroceso.

Las fuertes divergencias que comenzaron a surgir entre intelectuales comprometidos y críticos pasado el primer quinquenio de los sesenta, y luego el estallido de estas desavenencias con el Caso Padilla, no muestran más que un síntoma de este encuentro con la 'aporía descolonial' que emerge del conflicto entre la disidencia política, legal, económica y teórica frente al colonialismo, y la irrenunciable dependencia simbólica del paradigma epistemológico colonial.

Para el caso de la élite y dirigencia política del proyecto emancipador de esos años, la situación no dista de ser diferente y tiene sus primeras manifestaciones en los primeros momentos del proceso revolucionario. La 'aporía descolonial' aparece irremediablemente cuando la dependencia se hace patente y el estar fuera o dentro de los límites de la lógica de la hegemonía imperial no parece una opción. Cuando Fidel Castro se ve inmerso en la Crisis de los Misiles, estalla el que parece un primer síntoma de la imposibilidad independentista. Si bien el apoyo bélico de la Unión Soviética para enfrentarse al orden capitalista de los Estados Unidos se estimara como un golpe de fuerzas para resistir la intervención colonial, el desarrollo de los hechos dejó de manifiesto que tal deseo en términos políticos no era más que una fantasía. Esta imposibilidad de instalarse como alternativa a la lógica hegemónica central se va agudizando en la medida en que pasan los años: el bloqueo comercial que ejerce el mundo capitalista sobre la isla, la condena a la dependencia económica, política y cultural de régimen soviético. Esta disyuntiva exhibe la dificultad de encontrar un afuera de la dialéctica como movimiento que comprende la construcción de pensamiento a partir de una alteridad que descansa en la hegemonía de un uno sobre otro.

Un nuevo paso en el avance de la lógica neoimperial del siglo xx tiene su más potente señal en los golpes de Estado perpetrados por los grupos conservadores cívico-militares en Chile y Uruguay en 1973. Como explicamos más arriba, estos hechos asestaron un tiro certero a las posibilidades emancipadoras del impulso descolonial que marcó poco más de una década la escena política y cultural mundial. Y aunque sus efectos fueron potentes, lo que hicieron fue más bien desbarajustar el inestable campo que sirvió como escenario transitorio y coyuntural que actualizaba la pulsión descolonial; sin embargo, como también propusimos en páginas anteriores, no logró desactivarlo.

A partir de los casos de las intervenciones de Antonio Cornejo Polar y de Ángel Rama, entre 1973 y 1982, es que demostramos que más que desarticularse definitivamente el campo, o más bien las prácticas tradicionales (*habitus*) que en él se aprendieron, sostuvieron y reprodujeron, estas se reorganizaron para continuar con el proyecto progresista de índole descolonizador. En el caso de ambos autores sus gestos van desde la reactivación de plataformas de comunicación (revistas) y pedagógicas hasta la publicación de los textos paradigmáticos que por ahora aquí hemos analizado someramente. Como señalamos con anterioridad, estos textos programáticos se yerguen como piezas fundamentales de sus intervenciones descolonizadoras; sin embargo —y siguiendo el rumbo de esta argumentación—, no sin enfrentarse a la aporía. Y es que en el contexto de un nuevo reordenamiento del conocimiento parecería que no queda otra alternativa que echar mano a las técnicas conocidas y a las fórmulas tradicionales de construcción del saber.

Capítulo II

La escena de la rearticulación

"Si lo intentaron, no pudieron. Concedamos que destruyeron nuestras organizaciones tradicionales y pusieron en duda algunas de nuestras apuestas ideológicas, pero no destruyeron nuestra capacidad de juicio, de crítica, ni nuestra convivencia fraternal. Tampoco destruyeron la cultura social espontánea y contestataria que fue naciendo dondequiera que dialogábamos, dondequiera que nos mirábamos... porque nos fuimos encontrando en todas partes..."

GABRIEL SALAZAR, "Memoria" (2011: 14-15).

Políticas de rearme

En 1973, un grupo de diez intelectuales latinoamericanos, entre los cuales se cuentan José Antonio Portuondo, Marta Traba, Alberto Escobar, Noé Jitrik, David Viñas, Fernando Alegría, Li Carrillo, Ángel Rama, Rafael Gutiérrez Girardot y Clemente Airó[1], viajan al Congreso de Romanística de la Universidad de Bonn a participar de un coloquio

1. La lista de nombres que aquí enumeramos corresponde a la que reconoce el texto *Literatura y praxis en América Latina*, editado en Caracas por Monte Ávila Editores en 1974.

especialmente organizado para discutir sobre los nuevos desafíos de su quehacer, el crítico. Precisamente, en el año convulso de su expedición y unos meses después de su intervención en la metrópolis académica europea, se desencadena la serie de golpes de Estado cívico-militares en el Cono Sur que, como hemos explicado antes, corresponde a la materialización de una intrusión geopolítica que empuja definitivamente a los participantes del campo a la revisión del proyecto ético-estético que se desarrollaba desde el triunfo de la Revolución Cubana.

Posteriormente, el año 1974, se publica en la caraqueña Monte Ávila —otra plataforma fundamental de difusión e interconexión regional— un breve facsímil que reúne los textos originales leídos por cinco de los diez intelectuales invitados al seminario. Los títulos incluidos en la selección son los siguientes: "Producción literaria y producción social" de Noé Jitrik; "Pedro Henríquez Ureña y la historiografía literaria latinoamericana" de Rafael Gutiérrez Girardot; "La cultura de la resistencia" de Marta Traba; "Sistema literario y sistema social en Hispanoamérica" de Ángel Rama; y "El escritor y la crítica literaria" de Fernando Alegría. A pesar de sus obvias y bienvenidas diferencias, el eje que ensambla los artículos tiene relación con la generación, como dirá Beatriz Sarlo varios años después, de 'una perspectiva para ver'[2] (leer, agregamos nosotros) bajo las nuevas condiciones de dislocación del proyecto revolucionario y las exigencias que implican la integración de los silencios que dejaron las antiguas fórmulas europeizantes y universalizadoras de la producción literaria y crítica regional. Si bien algunas de las propuestas, como las de Jitrik y Rama, se enfocan en la configuración de un 'sistema' de lectura y las de Gutiérrez Girardot, de Traba y Alegría se focalizan respectivamente en la historia y la búsqueda de genealogías, en subrayar el carácter predominantemente resistente de la producción artística (plástica), y en la consagrada y conflictiva relación entre crítica y creador, el conjunto de las ponencias gira alrededor del asunto clave en este periodo que hemos descrito como momento rearticulador: la redefinición de los límites del objeto de la crítica y de las metodologías y fórmulas para dar cuenta de él. En este sentido, este pequeño compilado no hace otra cosa que reafirmar

2. Véase Sarlo (2001).

la idea de que, en este momento, los intelectuales —entre los que se cuentan, por supuesto, Ángel Rama y Antonio Cornejo Polar— lejos de verse participando del fracaso de un proyecto, se encuentran animando y reconfigurando redes y vínculos, impulsando la circulación de programas de renovación e instalando a través de la reproducción (oral y escrita) de su programa, la literatura y la crítica latinoamericanas. La publicación de este conjunto, entonces, se constituye como un gesto más de este grupo, que ahora ya podemos denominar latinoamericanista[3], que busca revitalizar la narrativa sobre lo regional.

Sin embargo, esta breve colección de ponencias nos entrega más evidencia sobre este proceso de reconstrucción del proyecto, activado por lo que hemos ya denominado impulso descolonizador. En realidad, el texto *Literatura y praxis en América Latina* abre y despliega un discurso sobre lo latinoamericano y su crítica incluso antes de iniciar nosotros propiamente la lectura. La portada del libro, diseñada por el ilustrador y traductor Víctor Viano[4], nos enfrenta de una sola vez a una imagen plástica que podría aproximarse a la que la crítica latinoamericanista construye de ella misma y de su recepción.

En la cubierta de libro advertimos inmediatamente que la superficie se encuentra dividida en dos planos por una diagonal esquinada y que cada uno de ellos contiene dos escenas. La línea que atraviesa la superficie representa el pliegue o doblez de una página que está todavía en blanco. La escena diagramada en la esquina superior izquierda es más pequeña y, debido a las proporciones y enfoque de la imagen que exhibe, pareciera estar en un segundo plano. En ella vemos un

3. Algunos textos en los que se reflexiona, organiza y analiza la configuración de esta formación denominada 'latinoamericanismo' lo consideran un fenómeno afincado geopolíticamente en el área de América del norte y angloparlante. Véanse Beverley (2011) y Morgan (2013). Para una perspectiva crítica de esta perspectiva anglocentrista, véase Pistacchio (2018).

4. Viano era un reconocido ilustrador, diseñador de portadas de libros y traductor de origen argentino. Vivió y trabajó en Madrid hasta su muerte. Se desempeñó como ilustrador de portadas en varias de las casas editoriales más importantes de España y América Latina, como Plaza y Janés, Bruguera y Monte Ávila desde los setenta. No hemos podido recoger mucha más información acerca de su vida y quehacer como para establecer algún tipo de vínculo entre su trabajo y el proceso que estamos describiendo en este estudio.

Cubierta del libro *Literatura y praxis en América Latina.*

conjunto de rostros de hombres y mujeres amontonados; todos suspenden la mirada y observan hacia el frente. Inclinadas sus cabezas hacia lo alto, a juzgar por sus gestos faciales —ceños fruncidos— parecen estar siendo encandilados por la luz artificial o natural que se yergue delante. Es el fragmento de una fotografía de una multitud teñida de rojo, que solo es visible mientras esa hoja en blanco la descubre en su plegarse hacia afuera.

La punta de la página vacía indica el adentro de su blancura y potencia (ser llenada) y es justamente su vértice el que se toca con uno de los dos elementos protagónicos de la siguiente imagen de la superficie inferior derecha. Esa otra imagen rellena la mayor parte del cuadro total y está compuesta por dos figuras sinécdoques y metonimias de una alegoría inevitable. La punta de la página en blanco toca a penas una pluma, una pluma que sirve de lápiz a una mano que aparece también como un fragmento de un cuerpo. El trozo de mano que va desde la muñeca a los dedos sostiene la pluma con su pulgar e índice y se apoya levemente sobre la página en blanco, representando en ese gesto, evidentemente, el acto de la escritura que está por suceder. Un acto de escritura que está por practicarse y será practicada por un puño explícitamente masculino, adornado en la muñeca con clásico vuelo. Mano y pluma están dibujadas, a diferencia de la fotografía de los rostros que aparece en el otro extremo. Están trazadas cada una de sus líneas, sus luces y sombras, sus pliegues y texturas, arrugas, plumas, uñas; una representación 'realista' que bosqueja la figura de un hombre que escribe con su utensilio y que contrasta con la foto, el extracto de 'realidad' seleccionada como documento e inserta en el plano. Escribe —escribirá— la mano dibujada acerca de ese fragmento de pueblo.

Así descrito el cuadro, no nos queda más remedio que concluir que Viano ha logrado condensar en él una imagen alegórica de lo que en este libro se entiende por escritor, pueblo y escritura, pero también y más importante, una síntesis de las relaciones que la escritura del facsímil genera. Sobre todo, la de la relación entre 'autor', intelectual, del letrado con el pueblo, con la multitud, con el 'otro' para quien se escribe, por el que se escribe y al cual se escribe. El primero, protagonista definitivo y sujeto de la praxis y la escritura[5]; el segundo objeto y receptor de la escritura sobre sí mismo.

Como se irá evidenciando a lo largo del desarrollo de este capítulo, el centro del análisis será precisamente este acto de 'construcción' de otro o de 'creación' de un 'nombre'. La mano escribiente, sinécdoque del hombre intelectual (que también es o puede ser artista), se impone como empresa la configuración de la subjetividad que será sujeto y objeto del programa de refundación de la narrativa sobre lo latinoamericano. Dicha configuración será crucial para lograr el objetivo de reafirmar la autonomía regional del campo y obtener la preciada hegemonía interpretativa y epistemológica.

En este sentido, la imagen dispuesta en la esquina izquierda de la portada exhibe un *fragmento* de una fotografía. En ella solo accedemos a un trozo seleccionado de la gran asamblea que se presiente. La ausencia de márgenes que acoten la imagen nos permite intuir el desborde de esa masa reunida. Según Ernesto Laclau (2007: 67-128), esta es precisamente la operación que garantiza la creación de un 'nombre', la construcción del 'pueblo'. Para Laclau, el proceso de constitución del pueblo en el populismo tiene lugar en el terreno del discurso (territorio de la objetividad y del juego de las relaciones) y considera una serie de operaciones que se explican a partir de la interacción (relaciones de combinación y sustitución) de todas las diferencias existentes (todo lo que es, es a partir de su diferencia). La primera acción implica el 'relleno' transitorio de un significante vacío a través de otra maniobra, que es la de representación, que permite la hegemonía de una particularidad

5. Es inevitable no observar el fuerte carácter masculino de la figura referida a través de la sinécdoque. Se trata de una imagen del intelectual y del autor construida por el discurso patriarcal que, simbólicamente y, en este caso, literalmente, define el género de este agente socio-cultural aun cuando en el libro se integra la voz (solitaria) de Marta Traba. Sería necesario hacer una análisis profundo de este elemento de la configuración del campo cultural latinoamericanista en este periodo y señalar que ya en la década de los ochenta se desarrollará un fenómeno fuerte y masivo de integración y/o incursión, tanto en la literatura como en la crítica, de la escritura de mujeres auspiciada, entre otros, por la ofensiva del movimiento feminista internacional (teórico y popular). Por ahora no existen libros que sistematicen ese proceso de incorporación; sin embargo, hay artículos que presentan una panorámica. Véanse Franco (1986) y Masiello (1986).

sobre las otras. Esta particularidad 'representativa' y 'hegemónica' se constituye como totalidad fallida (imposible y necesaria) en la medida en que no podrá nunca ser universal y, sin embargo, al mismo tiempo, encarna la unidad apetecida. Consecuentemente, el pueblo se configura a través de esta unidad imperfecta que, al ser innombrable, adquiere su denominación figurada a partir del desplazamiento del significado que permite la catacresis. Al carecer de significado literal, la unidad imposible nunca podrá obtener un nombre y por eso recibe una denominación figurada. El pueblo se conforma como una sinécdoque y una catacresis. En el terreno de la realidad social, estas operaciones se traducen de la siguiente manera: cuando ciertas diferencias adquieren una unidad y se constituyen como unidad dominante, las otras (otredad) pasan a ser particularidades excluidas. Cada una de ellas posee una demanda singular que surge de esa marginación. Bajo el supuesto de que todo lo que existe tiende a la unidad (totalidad, orden) una de las particularidades, en representación de cada una de las demás, adquiere la hegemonía y así recoge, en una cadena de equivalencias, las demandas de todas y cada una de las particularidades que existen: la hegemónica no es particularmente una y las es todas. Esta cadena de equivalencias se cristalizará o consolidará a partir de la construcción de una identidad popular que garantiza el lazo igualador.

Desde una inconmensurable e imposible plenitud, que desborda las fronteras de la fotografía y permanece invisible a nuestros ojos, se yergue una singularidad particular (demanda) que representará a todas y cada una de las que han quedado suspendidas fuera de los límites del fragmento de la imagen. El trozo, sinécdoque que gana la hegemonía a través de esa representación, se constituye como una larga cadena de equivalencias continente y contenedora de cada uno de los rostros (diferencias) inscritos en el papel fotográfico.

Para Laclau, la transición desde la constitución del 'nombre' del 'pueblo' hacia una subjetividad popular consiste en establecer un vínculo entre los sujetos excluidos y eso, precisamente, es lo que supone el proyecto de emancipación antineocolonial auspiciado y liderado desde el 59 por La Habana, y que resurge como herencia o bajo continuo, en el campo cultural, en los proyectos de Antonio Cornejo Polar y de Ángel Rama. Sin embargo, es necesario señalar —y lo confirmaremos más adelante— que en los años setenta esta herencia no implicará ni la restitución ni la restauración del proyecto revolucionario tal cual se había diseñado una década atrás, sino que, atravesado por las circunstancias políticas y por las transformaciones del campo intelectual y sus reflexiones, evidenciará ciertas inflexiones fundamentales que se asentarán precisamente en el núcleo de los programas de nuestros autores.

En 1961, ante la inminencia de la radicalización de las tensiones entre el nuevo gobierno revolucionario y el del recién asumido John F. Kennedy, Fidel Castro oficializa el carácter socialista de la revolución que encabeza. En el acto de homenaje a los caídos en varios bombardeos a la isla, Castro pronuncia un discurso en el que define como socialista la lucha que ha comenzado dos años antes y sentencia: "(...) esa Revolución no la defendemos con mercenarios; esa Revolución la defendemos con los hombres y mujeres del *pueblo*"[6]. Al finalizar su intervención, sin embargo, particulariza la composición de ese pueblo. El pueblo son los obreros, los campesinos, los humildes. Evidentemente este gesto de identificación público y oficial posicionará la gesta emancipadora dentro del esquema bipolar mundial de esos años; definitivamente se concretarán los vínculos con la política exterior de la Unión Soviética, pero también se determinará el inicio de un nuevo momento de la territorialización del 'pensamiento marxista' en América Latina.

Es en la clave de los intercambios de un pensamiento marxista localizado y en la recuperación de narrativas de reunificación donde el discurso de la Revolución Cubana nombra al 'pueblo'. En la traducción y reterritorialización contingente de la dialéctica amo-esclavo es desde donde surge el nombre del pueblo. Este enfrentamiento, no solamente económico sino sobre todo simbólico, provocará la necesidad de llenar de contenido el significante vacío del nombre. La lucha de clases se posiciona en un escenario específico y se resignifica: Latinoamérica versus la metrópolis neocolonial.

6. Discurso dado frente al Cementerio Colón el día 16 de abril de 1961 (justamente uno antes del desembarco en playa Girón). Véase: <http://www.cuba.cu/gobierno/discursos/1961/esp/f160461e.html>. Las cursivas son mías.

Leída desde el esquema que nos propone Laclau, la operación nominativa de la Revolución establece la hegemonía de la serie de particularidades que, condensadas en un nombre —pueblo, campesino, obrero, humildes— se erigen en una unidad que comparte la condición de ser y haber sido excluidas. Lo común sintetizado en el nombre se posiciona como la mejor arma para emanciparse, para modificar el orden social y político de las naciones y para, por qué no, normalizar la otredad o subvertirla.

Sin embargo, la agudización de los conflictos económicos particulares que experimentaba Cuba a partir del bloqueo provoca su repliegue hacia el interior de su propio proceso nacional, suspende sus preocupaciones y esfuerzos regionalizadores e interrumpe la posibilidad de llevar a cabo esta operación nominativa homogeneizadora. De forma paralela, en el resto de los países de la región afectados también por la bipolarización del mundo, se replica este fenómeno, provocando lo que Halperin Donghi definió como una vuelta hacia lo nacional[7] (2001: 539).

Si nos trasladamos hacia el ámbito de la trayectoria del desarrollo del campo intelectual, podemos observar que en este contexto la dinámica del repliegue se replica. Este proceso trae consigo un momento de reflexión y evaluación del nombre, una reconsideración de las reivindicaciones de la particularidad excluida y, por cierto, de las posibilidades de renombrarla. Bajo el manto liso del nombre de 'pueblo', de las categorías de 'campesinado', de 'obreros' y de 'humildes', se habían ocultado una serie de otras diferencias que estaban siendo veladas y, precisamente, ya a fines de los sesentas el desafío sería reconocerlas y visibilizarlas[8].

---

7. Este proceso de repliegue hacia lo nacional, pienso, se explicaría a partir de la insostenibilidad de aplicar uniformemente el sistema de lectura marxista a la realidad y contextos de los países que conformaban esta unidad latinoamericana. La singularidad de las estructuras sociales, económicas, políticas y de poder que configuraban la realidad nacional de países tan distintos generó una apropiación también diversa de la lectura y la práctica de las fórmulas que proponía el proyecto progresista de izquierda.

8. Una de las propuestas para organizar una nueva perspectiva acerca de la otredad de América Latina en el contexto del repliegue se condensa en el primer ensayo

Escribir es el espacio común para intelectuales y artistas que en el contexto de los sesenta ven sus tareas asimiladas. En este sentido, la 'nueva novela latinoamericana' se transforma en su centro de interés, pues en ella se reescribe la trayectoria de los pueblos acallados y el relato no oficial de sus avatares. El escritor/novelista latinoamericano modula así el territorio de América Latina reconfigurando su cartografía, nombrando y construyendo la 'otredad', geografizándola y haciéndola visible a través del lenguaje literario (figurado). Su representación ficcionalizada —y no teórica— de la identidad singular, de esa subjetividad, se reivindica en el plano del lenguaje y es allí donde se llenará de contenido el nombre del pueblo. El texto literario se convierte en el espacio privilegiado y posible de su realización. De esta manera, el discurso literario en los sesenta logra algo que la *doxa* ensayística no puede realizar a cabalidad: dotar esta imagen de América Latina de un cuerpo, de una historia y de un nombre. Logra provisionalmente responder a las preguntas ancestrales del quiénes somos y cómo nos comprendemos.

De este modo, intelectual, artista y pueblo se conjugan para crear las condiciones básicas que araron el camino y motivaron las intervenciones y la construcción de los programas teórico-intelectuales de Antonio Cornejo Polar y de Ángel Rama. El proceso histórico, teórico y artístico de construcción del 'nombre' para distinguir la singularidad de lo latinoamericano —el de la homogeneización revolucionaria y de posterior repliegue local—, todo este conjunto de eventos y procesos sentaron las bases para que estos dos autores decidieran aportar con nuevas reflexiones al estudio de una latinoamericanidad 'en peligro'.

---

de *Calibán* que publica Roberto Fernández Retamar en 1971. El cubano escoge el nombre de Calibán para definir al pueblo latinoamericano, lo propone como su 'símbolo' y lee la identidad regional desde el personaje tradicionalmente demonizado. Este gesto implicaría un cambio de paradigma que interpreta el pasado, asume el presente e imagina el futuro desde los ojos ya no del amo, sino del esclavo, desestabiliza el manto homogeneizador de las categorías de pueblo, campesino y obrero, y plantea una nueva fórmula para dar nombre a la diferencia latinoamericana abriendo paso su componente racial (mestizo). Véase Fernández Retamar (2003: 21-112).

Pueblo y sujeto de/a la escritura. Una posible historia de las representaciones

A partir de la lectura de la imagen diseñada por Viano hemos intentado mostrar la relación que se establece entre estas tres subjetividades (pueblo/intelectual/artista). Una relación que evidentemente se exhibe como jerárquica en la medida en que artista (creador) e intelectual (letrado) dan nombre a una otredad subalternizada, excluida, aunque también, demandante. Es a través de ese proceso de escritura que la mano emplumada no solamente elabora la imagen del pueblo —constituido ya por sus componentes de clase, género, etnia, lengua y raza—, sino que también intentará restituirle un lugar en la historia y en el canon. En este sentido, es de suma urgencia anotar que esta relación se inscribe en el marco de los códigos de la representación tradicional que implican 'el hablar por ese pueblo' o, en el caso de la imagen, escribirlo. Para Grínor Rojo las consideraciones de Cornejo Polar respecto de esta forma de relación son determinantes y recuperan la herencia de las lecturas socialistas de Mariátegui:

> Cornejo argumentará que es legítimo que un "no indio" hable por el indio, siempre que sus intereses sean coincidentes con los del indio, lo que a su juicio es posible para un socialista, y más aún para un socialista peruano. No solo eso, sino que, extremando este raciocinio pero ahora en el marco de la disputa de Spivak con Foucault y Deleuze, se podría agregar que tal posibilidad es en rigor una necesidad, ya que el hablar desde dentro no garantiza nada por sí solo, habida cuenta de que la ideología existe y el subalterno no es impermeable a su influencia (lo contrario equivaldría a pensarlo desplegando sus acciones en un vacío de laboratorio) y que por lo tanto requiere de otro que esté en condiciones de desmontarla y denunciarla (2012: 240).

Es en este escenario de la relación problemática y tensa entre pueblo —cultura "popular" y letrado—, en el que Ángel Rama y Antonio Cornejo Polar circunscriben su aporte para reformular una lectura posible de 'lo latinoamericano'. Como una manera de intentar comprender y resolver la contradicción entre la tradición de una cultura que había sido marginada y silenciada durante siglos y la dominante, occidental y universalizante, es que el peruano y el uruguayo proponen nuevas categorías que definirán esa diferencia del pueblo y que permitirán leer su producción simbólica. En este mismo gesto de definición de la 'otredad', además, determinarán el papel que desempeñan ellos y sus colegas escritores en este proceso. Intentado precisamente dar una salida nueva o desembarazarse de la tradición intelectual latinoamericana cuya visión pendular[9] se rastrea desde el instante preciso del descubrimiento, estos críticos intentarán construir un nuevo pacto que permita comprender la identidad de este pueblo y su cultura heteróclita como una totalidad no fija ni absoluta, sino móvil y conflictiva, como una unidad que se constituye en procesos de diferenciación y de la lucha por la hegemonía en un terreno histórico-social y discursivo definido.

Cuando leemos los textos programáticos del profesor peruano y de su colega y amigo uruguayo, no podemos dejar de reconocer que sus reflexiones inauguran una problematización fundamental de la noción de identidad (latinoamericana) y de los mecanismos homogeneizantes que habrían operado sobre su construcción. Sus proyectos, de alguna manera, cuestionan la fórmula de elaboración de una 'narrativa de lo latinoamericano' que hasta entonces estaba vigente y que, en busca de una autenticidad *pura* —y probablemente imposible—, no hacía otra cosa que condenar esa latinoamericanidad a la asimilación con el referente europeo y a perder su singularidad.

En este contexto, los sistemas para leer la producción literaria regional que comienzan a delinear Cornejo y Rama ya en los setenta se sostienen sobre la idea de que la identidad se estructura como proceso, como el resultado de las relaciones —de diferenciación— que unos sujetos (cultura) establecen con otros(as), razón por la cual también la producción simbólica de una cultura debe ser entendida como el efecto de un proceso de producción intervenido, influenciado y motivado por un escenario ideológico, político, económico y social específico.

---

9. Aquí nos referimos a las dos visiones construidas sobre la 'otredad radical' y que se han disputado (pendularmente y en términos bipolares) el poder de nombrarla. Esas dos visiones elaboradas y difundidas, primero, por los colonizadores y luego, por las élites dirigentes criollas independentistas, si bien habrían tomado diversas formas a través de la historia seguirían reproduciendo dos lógicas metropolitanas eurocentristas de leer esa particularidad.

En este sentido, la identidad cultural de la región —y su producción simbólica—, distaría de configurarse como una cualidad prescrita a priori (anterior a su propia existencia) e indiferente a las relaciones que establece y experimenta con otras en el terreno de lo discursivo. Esta concepción de la identidad cultural fijada por la historia —una historia de violencia, borramiento y subordinación— es un eje fundamental en la obra de ambos autores y, para la crítica Patricia D'Allemand, se convierte en el aporte fundamental de los proyectos de Rama y Cornejo en la conformación de un frente latinoamericanista que busca edificar modos de lectura específicos para la producción regional. Como dirá en su libro *Hacia una crítica cultural latinoamericana*, el trabajo de Rama, por ejemplo:

> [...] llena un vacío teórico al interior de la disciplina al impulsar una lógica socio-histórica para el abordaje de la realidad latinoamericana y su producción artística y literaria. [...] Tanto la exploración del problema de la identidad cultural latinoamericana como el seguimiento de las diversas búsquedas autonómicas en que se embarcan las letras latinoamericanas a partir de la Independencia y las fórmulas de resistencia a la dominación que ellas propusieran se convierten en núcleos de su discurso (2001: 59).

Del mismo modo, y en consonancia con esta visión sobre la identidad cultural intervenida por la historia, consideramos que la obra de Antonio Cornejo Polar precisamente se hace cargo de las dimensiones históricas y sociales, pues de ellas dependen la construcción de un sistema de lectura que, considerando la pluralidad de la constitución de nuestros países y de nuestra región en general, opere de forma inclusiva y recupere a la literatura y/o al texto del rapto autonómico radical. Escribe D'Allemand:

> Un objetivo central dentro de los planteamientos de Cornejo consiste en la recuperación para la crítica de la dimensión social e histórica de los procesos literarios y culturales, erradicada por las metodologías inmanentistas que hegemonizaran la disciplina hasta los inicios de la década del setenta en Latinoamérica (2001: 129).

Efectivamente para realizar la búsqueda y delimitación de este nuevo sujeto o, mejor dicho, de esta nueva subjetividad, los autores se embarcan en una lectura crítica de la historia de la construcción de esa 'otredad' latinoamericana y descubren que esa historia de representación ha tendido más bien, con signo positivo o negativo, a marginarla. Al mismo tiempo, ambos reconocen esa 'otredad' como la otredad indígena y la instalan geográficamente —explícita o implícitamente— en las zonas de la serranía del Perú[10].

Para la lectura crítica que hace Ángel Rama de la representación del sujeto 'otro', la localización de esta cultura indígena es crucial y precisamente determinaría las condiciones de posibilidad de su desarrollo y reconocimiento. Para el uruguayo, la zona andina es un territorio paradigmático para explicar la historia de la representación de la cultura indígena, puesto que es un espacio en el que el encuentro entre la cultura hispánica y las originarias no fue exitoso, es decir, no produjo intercambios sino que, al contrario, resultó en que la cultura indígena, al resistirlos enérgicamente, permaneciera intacta y, por lo mismo, sufriera un proceso de estancamiento y fosilización. Dice Rama:

> Al no haber sido propiciada positivamente una integración nacional que implicaba un vasto esfuerzo de transculturación, la cual fue recusada en cada uno de los tres grupos étnicos que conformaron el área (lo que testimonia el fracaso de los mestizos llamados a contribuir a esta tarea, quienes tardarán siglos en acometerla) y al no operar la transformación de las bases de sistema económico que siguió respondiendo a formas atrasadas de explotación agropecuaria y a la extracción de materias primas de acuerdo a las variables demandas de la economía europea, se inmovilizó la creatividad y el progreso de la zona en torno a fórmulas preexistentes. Estas fatalmente devinieron arcaicas (2004: 129).

Aun cuando sí es reconocible el mestizaje racial, el aislamiento producido por el fracaso del proceso de unificación nacional habría generado una punzante fractura en la sociedad peruana y, por lo tanto, una desvinculación radical entre el mundo cultural de la costa y su

---

10. Volvemos aquí a subrayar la importancia que tiene para el trabajo de estos autores la reflexión y la obra de Mariátegui. Así como el autor de los *Siete ensayos*, ambos parten sobre la base de localizar la otredad en un espacio nacional específico en el cual el conflicto entre culturas originarias y culturas modernizantes se desata con tenacidad. Como veremos un poco más adelante, eso sí, las influencias que ejerce su pensamiento sirven de forma diferente para Cornejo y Rama.

tradición hispánica, y la tradición cultural del incario de la serranía. Sin embargo, para Rama, un incipiente intento de reconocimiento de esta última se habría producido en el contexto del proceso de modernización acaecido en los primeros treinta años del siglo xx. En este escenario crítico, intelectuales y artistas de la talla de Haya de la Torre, Mariátegui y César Vallejo, entre otros, se habrían dado a la tarea de reconsiderar y recuperar al indígena y su cultura. Estos hombres de letras, reconocidos como 'los indigenistas', habrían sido los encargados de reivindicar los remanentes del origen de la peruanidad y, con ello, configurarían el primer intento de nombrar al pueblo y a este sujeto otro marginado y olvidado por la nación. Pero, para Rama, esta maniobra no logra acometer los objetivos de su empresa. Muy por el contrario, su tesis plantea que el indigenismo focalizado en reivindicar al indígena en términos de su explotación social y económica tendría su raíz en el conflicto particular cultural y de clase, de los mestizos que pretenden disputar la hegemonía política y social del Perú:

> Lo que estamos presenciando es un grupo social nuevo, promovido por los imperativos del desarrollo económico modernizado, cuyo margen educativo oscila según las áreas y el grado de adelanto alcanzado por la evolución económica, el cual plantea nítidas reivindicaciones a la sociedad que integra. Como todo grupo que ha adquirido movilidad —según lo apuntara Marx— extiende la reclamación que formula a todos los demás sectores sociales oprimidos y se hace intérprete de sus reclamaciones que entiende como propias, engrosando así el caudal de sus fuerzas con aportes *multitudinarios*[11] (2004: 142).

---

11. Las cursivas son mías. Subrayo esta palabra pues, así como expuse más arriba en la explicación sobre el proceso de construcción de un 'pueblo' basada en los aportes de Laclau, su uso nos permite vincular el argumento de Rama con la estrategia de elaboración del pueblo que precisamente desarrolla el argentino en su *On Populist Reason*. En este sentido, la crítica que le hace Rama al 'mesticismo del indigenismo' y específicamente a Mariátegui, Haya de la Torre y toda esa generación, es la crítica al procedimiento recurrente que lleva a cabo una particularidad que se hace cargo de otras particularidades reivindicativas y, con ello, ganando la representación de las singularidades infinitas, entra en la disputa por ganar la hegemonía del terreno de lo social (y discursivo). Sin embargo, y elaboraremos esta idea más adelante, ese mismo acto de representación que critica Rama y que implica, como escribe, "una drástica imposición de sus peculiares rejillas de interpretación" (2004: 152), es la misma estrategia que él utilizará para su propia construcción de

La consecuencia más desafortunada que detecta Rama en esta operación de representación 'acomodaticia' es que la construcción de la figura del indígena creada por el indigenismo es una que, en su intento por restaurar un tiempo y una cultura abolidos, se olvida de la situación presente, su experiencia viva y 'auténtica':

> Y por la más simple de las razones, porque le parecía inexistente o inferior (y de ahí el vertiginoso remontar del tiempo para mitificar el pasado, del inkario, recuperándolo sólo a él, o sea las leyendas, en la cultura presente) en lo cual no hacían sino probar en cuáles fuentes culturales se abastecían, que no eran otras que las de la cultura de dominación, cuyo signo habían invertido. El movimiento indigenista vio y explicó a los indios con los recursos propios de la recién surgida cultura mestiza, que en puridad no era sino la hija bastarda de su padre, el eterno conquistador blanco, que en esos momentos estaba consagrada a exigir reconocimiento y legitimidad, que le eran negados por su progenitor (2004: 144).

De esta manera, buscando al 'verdadero' sujeto indígena, al pueblo, la identidad —latinoamericana, podríamos ampliar—, Rama le reclama a los indigenistas de las capas medias ascendentes del Perú de las primeras tres década del siglo XX la cooptación de esa figura, su idealización y 'falsificación', que terminaría en la aculturación que provoca bajo la lógica proteccionista que moviliza.

Por lo tanto, Rama no está buscando a ese 'otro' en la recuperación de un pasado imposible de redificar y confirma que la siguiente generación, la de los años cuarenta, introducirá nuevas contribuciones, aportes fundamentales para el uruguayo puesto que implican "el descubrimiento de zonas de la sensibilidad, del pensamiento, de la imaginación del indio, que eran ignorados" (2004: 157).

La nueva generación que describe Rama —integrada indistintamente por blancos y mestizos— y que para él se constituye como la nueva posibilidad de construir un pueblo y de elaborar un canon, es una generación que no puede actuar, eso sí, sino en la medida en que la indigenista ha llevado a cabo un trabajo importante en la "corrosión de los valores dominantes y precipitarlos a una crisis" (2004: 158), lo que

---

'pueblo', de sujeto indígena y de su literatura. ¿Es posible otra fórmula de cohesión social/política/discursiva?

le permitiría a la nación incluir nuevas diferencias. Es una agrupación que puede ser reconocida como la 'generación regionalista', que supera la limitación de ser movilizada solo por demandas sociales y cuya intervención también ha sido posibilitada por los cambios que promueve la nueva especialización y jerarquización, dentro del campo intelectual y de los estudios de las ciencias sociales. Para Rama los aportes de la sociología, la antropología y el folklore a los estudios literarios serán capitales para construir el nuevo concepto de 'otredad', para redefinir sus límites y los de su producción simbólica, pero como dirá también en la segunda parte de su libro programático, serán esenciales para desarrollar una nueva concepción de 'literatura'. De esta manera, como ya es posible intuirlo, la categoría de transculturación se convierte en el eje pivotal para la construcción de un nombre —de un pueblo— y para definir la identidad cultural de la colectividad. Este concepto le permite reescribir la historia de esa diferencia latinoamericana en su particularidad indígena y, al mismo tiempo, diseñar un sistema para estudiarla, leerla y elaborar un canon.

En la trayectoria crítica de Antonio Cornejo Polar observamos que el reconocimiento y posterior construcción de su noción/versión de pueblo y de 'otredad' indígena proviene de una experiencia que, según lo conversado con su mujer, Cristina Soto[12], está relacionada con su proceso vital y específicamente a su paso por la Casa de la Cultura de su Arequipa natal. Como ya expusimos en el apartado anterior, los inicios de Cornejo se circunscribían exclusivamente a la academia universitaria y, dentro de ella, al estudio especializado de la literatura española. Según Soto, esta área de investigación e interés comenzó a verse atravesado por nuevas preocupaciones cuando Cornejo asume la dirección de la Casa de la Cultura y se inserta a trabajar en relación más estrecha con la comunidad. Para doña Cristina los nuevos vínculos y experiencias que empieza a sostener y desarrollar con el afuera de la 'ciudad letrada', lo incitan a repensar sus intereses personales y académicos:

> Él comenzó a hacer una gran labor en la Casa de la Cultura de Arequipa, llevando poesía, teatro, conciertos al que se llamaba en esa época pueblo joven [...] Esa

12. Ya hemos referido a la entrevista exclusiva realizada para complementar este trabajo.

> era su labor en la Casa de la Cultura, promoverla. Entonces ya se le empezaba a reconocer como un joven intelectual [...] En esa época todavía había un poco de distancia entre las personas, no todos tenían acceso al teatro [...] Su objetivo, entonces, fue comenzar a promover la cultura (6-7).

Efectivamente, para Cristina Soto este momento marca un cambio en la trayectoria intelectual de su compañero, un cambio que nosotros reconocemos como el inicio de su 'giro político', o quizás también un giro 'hacia adentro' —hacia lo local—, en busca de su propia cultura. Elocuente para esta argumentación será que justamente en sus años como director de la institución arequipeña se convierta en el principal gestor y organizador del Primer Encuentro de Narradores Peruanos (1965) y, al siguiente año, realice la publicación de su artículo "La poesía tradicional y el yaraví"[13].

Es desde este periodo que tenemos rastro de la búsqueda que inicia el crítico peruano para redefinir la particularidad de lo latinoamericano en la diferencia indígena y su producción simbólica obliterada y, a pesar de que con la escritura de *Los universos narrativos de José María Arguedas* (1973) adelanta sus postulados respecto a ella, no será sino hasta los artículos más tempranos de *Sobre literatura y crítica* cuando sistematizará su propuesta del sujeto latinoamericano, peruano, multicultural.

En "Problemas y perspectivas de la crítica literaria latinoamericana" (escrito en 1974) y en el Apéndice a este mismo texto, publicado a principios de 1977 (2013: 51-54), Cornejo Polar expone su enérgica preocupación acerca del papel de la crítica y la enseñanza de la literatura y, particularmente, sobre estos problemas en el contexto de América Latina. Si bien en la primera versión de esta reflexión sus aprehensiones se dirigen al cuestionamiento de la crítica como disciplina general, debido a su incapacidad de dar cuenta del fenómeno literario en su totalidad —intra y extraliteraria[14]—, aludiendo a los excesos

13. El profesor Carlos García Bedoya también reconoce un tránsito en la trayectoria de Antonio Cornejo Polar precisamente en su actividad como director de la Casa de la Cultura en la periodización que realiza de su vida en la nueva edición de *Sobre literatura y crítica latinoamericana*. Véase García Bedoya (2013: 26).

14. Esto se refiere a la crítica que hace Cornejo que llevan a cabo las prácticas de análisis literario del momento, que excluyen la historia y del contexto de sus

abstraccionistas y formalistas del trabajo crítico de su momento, en el anexo que incluye en el 77, ya se puede ver un cambio en la perspectiva de sus inquietudes.

Es en este breve ensayo donde probablemente por primera vez Cornejo plantee la necesidad de ubicar y reivindicar la diferencia latinoamericana a partir de las siguientes aseveraciones: en primer lugar indica que la crítica está en crisis, pero que este trance se vuelve aún más agudo cuando esta se enfrenta cara a cara con un fenómeno literario que se define imperiosamente por su peculiaridad; una singularidad que está dada en la medida en que este fenómeno se produce y circula en una sociedad igualmente peculiar "al menos si el término de comparación es la literatura y la sociedad occidentales" (2013: 56). Segundo, y este punto es crucial para nuestro argumento, afirma que la literatura en la región posee una conflictividad implícita, puesto que es producida por "sociedades internamente heterogéneas, multinacionales incluso dentro de los límites de cada país, señaladas todavía por un proceso de conquista y una dominación colonial y neocolonial que solo una vez, en Cuba, se ha podido romper de manera definitiva" (2013: 57). Esta declaración de la diferencia latinoamericana, de la nacional e incluso intranacional, unida a la integración inédita del concepto de heterogeneidad[15], será la directriz que orientará los trabajos que Cornejo comienza a desarrollar desde aquí y que profundizará a lo largo de cinco años.

Como el mismo Cornejo lo afirmara en su Introducción (2013: 47), la organización de la colección de artículos que contiene *Sobre literatura y crítica* no responde a un principio cronológico, sino más bien a la intención de incorporar, en primera instancia, los textos de índole teórica, para luego, en la segunda, poner en acción ese sistema agrupando los artículos que aplican sus postulados. Esta estructura orgánica permite comprender que, como lo adelantamos más arriba, el

---

preocupaciones. Esta polémica ha sido abordada y examinada en el capítulo anterior de este trabajo.

15. En este punto coincido con Grínor Rojo al respecto del momento en que Antonio Cornejo Polar comienza a utilizar explícitamente la categoría que dará cuerpo a su teoría general sobre la literatura latinoamericana (2012: 225).

fundamento sobre el cual el peruano desea construir su proyecto es uno histórico, puesto que el texto que precede los dos primeros que acabamos de exponer justamente tiene como objetivo establecer las bases históricas de la diferencia y, en el caso de este artículo en particular, la peculiaridad de la creación literaria peruana.

En "El problema nacional en la literatura peruana" (2013: 59-70), publicado en la revista limeña *Quehacer* en 1980, Antonio Cornejo Polar, al igual que Rama, plantea una relectura crítica de la historia del Perú. Sin embargo, a diferencia del uruguayo, no hace de 'la cultura' su objeto histórico —el que experimenta ese tránsito o devenir—, sino que decide que es la literatura, como producto cultural, la que experimenta ese trayecto. Esta diferencia, como veremos más adelante, no es inofensiva ni secundaria, al contrario, puesto que definirá la noción de sujeto y de identidad —de pueblo— que cada uno de los críticos elabora. Sin embargo, a pesar de ese esencial cambio de foco y objeto, en lo que sigue y por razones metodológicas, para lograr con claridad develar y explicar esa *particularidad* (Laclau) que construye Cornejo, cada vez que se refiera a la literatura traduciremos ese concepto por el de sujeto. Y no lo haremos ni artificial ni arbitrariamente, ya que será el mismo peruano el que nos da el permiso de hacerlo cuando enuncia lo siguiente: "Las obras literarias y sus sistemas de pluralidades son signos y remiten sin excepción posible a categorías supraestéticas: el hombre, la sociedad, la historia"[16] (2013: 52).

En este texto, nuevamente, el punto en el cual se localiza el momento de inflexión en la construcción de la singularidad peruana, es el de la modernización, específicamente entre los años veinte y treinta del siglo xx, y está vinculada a la delimitación de una literatura 'propia'[17]. Para Cornejo, en el comienzo, esta tarea se habría concentrado en descubrir 'lo propio' para ponerlo al servicio de una homogeneización

16. Esta es una aseveración de la cual Cornejo está tan convencido que la repite literalmente en el Apéndice de su texto de 1974. Tanto como para él, para nosotros este principio es sustancial, puesto que, de alguna manera, dispone el fundamento no solo para su programa teórico, sino también para su proyecto crítico y vital.

17. Hay que señalar aquí que, así como Cornejo reconoce que la literatura, como signo, remite a categorías supraestéticas como el hombre, la sociedad y la historia, evidentemente le otorga a esta también un lugar fundamental en el litigio de la

totalizante que rescataba exclusivamente los elementos que armonizaban lo local a lo universal. De esta manera se habría constituido un canon "mediante una operación mutiladora" (2013: 60) que construía la nación peruana independiente, a la luz del modelo cultural, el orden y un destino hispánicos[18]. Así, el corpus oficial de la literatura peruana en los primeros treinta años del siglo xx se constituiría como tal en el proceso histórico que la une a la producción ibérica. Desde esta perspectiva, para Cornejo el discurso sobre la nación y la identidad en el Perú había sido ejecutado por el discurso del poder, y no solo por una clase, sino por una casta que expulsó cualquier indicio de diferencia y que consideró lo indígena como lo exótico o lo primitivo, sin rango estético ni vínculo a la literatura nacional[19].

Para Cornejo Polar, el punto de dislocación en la reflexión de principios de siglo lo marca, por supuesto, Mariátegui, quien al fijar el foco de su análisis de la peruanidad en el presente lo que haría es

organización de la unidad nacional. En este sentido, la literatura, como creación cultural es, en el momento de la modernización de principios del siglo xx, instrumental al proceso de renovación de la identidad nacional así como lo fuera en la Independencia (aun cuando, en términos cronológicos para el caso de Perú hubiese un desfase).

18. En el caso de la lectura de Cornejo que va describiendo el proceso de la literatura, uno de los autores que tiene a su cargo la elaboración del canon que legitima y consolida esta operación homogeneizadora e hispanista es Riva Agüero. El crítico será una de las voces de autoridad a la hora de definir lo literario a través de esa estrategia mutiladora y a la luz del proceso de unificación nacional (60). Véase Riva Agüero (1905).

19. Paralelamente a esta perspectiva en el ámbito de los estudios literarios se habría desarrollado la teoría del mestizaje como una propuesta alternativa que soportaba una vertiente fuertemente hispanista (Gálvez) y otra radicalmente indigenista (More). Cornejo Polar rescata la idea central de este planteamiento del mestizaje pues, con diferentes acentos y gradaciones, incluía el elemento indígena. También reconoce en su época al crítico que establece un término medio dentro de estas corrientes del "mestizaje". Se trata de Luis Alberto Sánchez (1976), quien habría propuesto el llamado "totalismo peruanista" para acabar con las oposiciones a través de la incorporación de la literatura prehispánica al corpus nacional. La falencia de esta propuesta sería el que esa prehistoria, aunque gloriosa, aparece como definitivamente muerta y clausurada, ya que para tener validez todo esfuerzo moderno indígena tendría que haber sido absorbido por la alta cultura. Véanse Gálvez (1915), More (1925) y Sánchez (1976).

confirmar la pervivencia del 'problema' indígena y su no agotamiento en los procesos de 'mestizaje'. Esta idea le permite a Cornejo pensar la inadecuación de la cuestión de la 'armonía' u homogeneización de la cultura, y comprenderla no como el territorio de la prevalencia de lo occidental o lo indígena en sí mismo, sino como un escenario de conflicto irredimible e imposible de resolver. De esta manera, Cornejo recoge de su antecesor y maestro la categoría de 'literatura peruana no orgánicamente nacional' —quizás, el prototérmino para la suya de 'literaturas heterogéneas'[20]— y desde ella comienza a construir su sistema, considerando sobre todo que, al ganarse esta idea de pluralidad, se cancela cualquier posibilidad de falsa unidad en la configuración de un sujeto, un corpus y de una historia de la literatura. Así, sentencia:

> [...] la aceptación de la heterogénea multiplicidad de la literatura peruana implica, de una parte, la reivindicación del carácter nacional y del estatuto literario de todos los sistemas de literatura no erudita que se producen en el Perú; de otra, permite desenmascarar la ideología discriminadora, de base clasista y étnica, que obtiene la homogeneidad mediante la supresión de toda manifestación literaria que no pertenezca o no pueda ser asumida con comodidad por el grupo que norma lo que es o no es nacional y lo que es o no es literatura (2013: 63).

En este escenario, a partir de la historización y caracterización de la idea de heterogeneidad, de la explicación de sus inicios y la explicitación de sus fuentes (Mariátegui), Cornejo Polar procede a explicar el funcionamiento de esta idea de pluralidad ya desde su propia voz.

Para Cornejo, el sujeto heterogéneo de la peruanidad (el pueblo, la literatura) consiste en tres sistemas culturales *evidentes* que coexisten en un mismo eje temporal y cuyas diferencias están determinadas por su lengua y la diversidad de sus ritmos en sus procesos de transformación: el español, el español popular y el nativo[21]. Pero también Cornejo

---

20. Y, más adelante, siguiendo el argumento de la inadecuación del criterio de unidad (literaria-nacional), también influencia fuertemente su categoría de 'totalidad contradictoria'. Véase Cornejo Polar (2013: 79-85).

21. Por supuesto Cornejo, en su lectura histórica de la pluralidad de la literatura peruana, no utiliza estos términos así como los estamos proponiendo nosotros. Hay que recalcar que estamos realizando la 'traducción' a la noción de sujeto que construye. Como vimos al final del primer capítulo de este trabajo, Cornejo reconoce

advierte de la imprecisión de esta nomenclatura arguyendo que se trata de una mirada más bien provisional que da cuenta de las fracturas más evidentes dentro de la pluralidad 'nacional'. Por lo tanto, plantea:

> Pese a la diferencia estructural y al distinto ritmo histórico de estos sistemas literarios, de donde surge su estatuto autonómico, cabe observar cierta dinámica convergente, por cierto que extraordinariamente conflictiva, que logra fundar algunos espacios de relación comunicativa entre ellos: comunicación inestable, ambigua y contradictoria, sin duda, pero suficientemente significativa (2013: 65).

A lo que se está refiriendo Cornejo es a un sistema 'otro', que no ha sido necesariamente considerado y que, sin embargo, es el elemento clave y completará el esquema de la multiplicidad en el Perú. Se refiere específicamente a los 'espacios de confluencia', manifestaciones o eventos de convergencia de la creación literaria que tienen lugar en el cruce y 'zonas de contacto' (2013: 66) entre culturas[22]. No se refiere aquí Cornejo necesariamente a territorios geográficos específicos, como lo hiciera Rama, sino más bien a manifestaciones literarias que exhiben huellas de roces y toques entre sistemas. Cuando esta 'convergencia' aparece lo hará a través de la incorporación de uno o más componentes ajenos, siendo la más común de ellas la integración de lo popular y lo indígena al circuito de la tradición en español. Para Cornejo, en este punto se constituyen dos fórmulas paradigmáticas de representación de la diferencia o pluralidad nacional y sobre las cuales le interesa trabajar: el criollismo y el indigenismo.

---

los sistemas literarios que componen esa pluralidad (véase página 56). Para dar cuenta de ellos plantea que habrá que fijar sus límites a través del estudio del modo de producción literaria que funciona prioritariamente en cada uno y cómo se inscriben en el contexto específico de su realidad social, considerando: instancias productivas, idiomas, prácticas literarias, circuitos de consumo. En este sentido, será necesario comprender el concepto mismo de literatura que encierra cada sistema (función, valor, institucionalidad). Esta nueva forma de enfrentarse al objeto implicaría un desafío, pues exige un cambio en las metodologías utilizadas hasta entonces ya que estas responden a la forma de acercarse exclusivamente a la literatura erudita escrita en español. Véase Cornejo (2013: 64).

22. Para una ampliación de la categoría de 'zona de contacto' que puede comprenderse en esta 'línea cornejiana', véase Pratt (2010).

El criollismo en Cornejo equivaldría, a grandes rasgos, a la fórmula descrita por Rama en la figura del mesticisimo, y correspondería a la convergencia que se produciría cuando se abre la cultura/literatura erudita a los estratos inferiores de la sociedad no andina, es decir, a la cultura popular. Para el crítico peruano, el criollismo/costumbrismo es sobre todo ideológica y literariamente improductivo puesto que realiza una paralización de los productos de los que se apropia. Esta forma de convergencia es un aparato de representación (narrativa) que recoge el habla popular y la fosiliza tratando de representarla. El empleo mimético que hace de las fórmulas lingüísticas populares implica un ejercicio de captación y repetición que desactiva su cualidad móvil y transformadora. Por otra parte, este tipo de convergencia, a nivel de contenido, realiza apropiaciones selectivas que reproducen los valores de una oligarquía aristocratizante en franco enfrentamiento con la burguesía modernizadora, que si bien desea separarse de la oligarquía y disputarle la hegemonía política y social, se hace eco de sus tradiciones y las reproduce incorporando ciertos valores que idealizan un pasado de supuesta unidad y armonía[23].

El indigenismo, por el contrario, será la fórmula que más le interesa a Cornejo. Implica un fenómeno ideológico mucho más complejo puesto que su operación productora supone tensiones extremas:

> [...] trata de poner en relación no solo la realidad, lenguaje, y cultura de distintos estratos de una misma sociedad, sino de dos universos diferenciados y contradictorios: el indígena y el occidentalizado, lo que implica enfrentarse a los conflictos propios del bilingüismo más rotundo (no solo quechua/español, sino también oralidad/escritura) (2013: 68).

En sus comienzos, el indigenismo, sin embargo, habría realizado su "índole heterogénea y conflictiva" (2013: 68) a partir de fórmulas de representación muy similares a las del criollismo, incorporando, a partir de los valores y la praxis de la cultura dominante, los códigos del

---

23. Esos valores eran, por ejemplo, el honor, la lealtad, la valentía y la honestidad. En este sentido, este contradictorio efecto de recuperación de los valores de la clase adversaria puede leerse —en la línea de Rama y su crítica al mesticismo— como una operación de mimetismo cargado de deseo y necesidad de reconocimiento.

universo indígena como referente de un sistema distinto[24]. Es decir, se habría articulado como una movilización de las fuerzas sociales y culturales de 'un universo' para revelar la naturaleza de 'otro distinto' al cual mantiene y conserva como 'uno distinto'. A partir de la segunda y la tercera década del XX, esta fórmula de representación de la diferencia se habría comenzado a modificar debido a varios procesos sociales y culturales: mayor comunicación entre costa y sierra, nuevo liderazgo intelectual de clases medias provincianas que comienzan a desplazar a la oligarquía y el impacto del pensamiento de Mariátegui y su lectura de la realidad peruana a partir de los instrumentos analíticos del marxismo. Estos y otros factores provocarán transformaciones y negociaciones que permitirán que la otredad indígena comience a dejar de ser un simple referente o materia pasiva para la cultura burguesa indigenista. En este sentido, aun cuando el indigenismo sigue siendo una fórmula de representación, "un producto del polo no indígena de la sociedad" (2013: 69), Cornejo Polar lo reconoce como, quizás, la única fórmula imperfecta de acercar lo irreconciliable:

> [...] se trata sobre todo, de la conversión de un proyecto substancialmente representativo, o si se quiere mimético, en otro que, sin olvidar esa función primera, se realiza como reproducción literaria de las condiciones sociales y culturales que hacen posible el discurso indigenista. [...] el indigenismo más valioso ofrece una revelación del mundo indígena y de su problemática concreta, pero, al mismo tiempo, se ofrece a sí mismo como una reproducción de las relaciones entre ese mundo y el resto de la sociedad nacional, y como una imagen legítima de los conflictos medulares de todo el sistema de la sociedad peruana". Finalmente "[El indigenismo] es hasta hoy la más iluminante y sagaz transmutación [traducción] a términos específicamente literarios de la desintegrada índole de la sociedad peruana (2013: 69).

Cornejo Polar finaliza este el tercer ensayo de su libro explicando la necesidad de comprender la pluralidad que caracteriza la sociedad peruana para construir una auténtica identidad nacional. Para eso, dice, se hace urgente comprender que su pluralidad identitaria se constituye a partir de una difícil operación dialéctica: como producto evidente de

24. Es el caso de las manifestaciones decimonónicas del indigenismo entre las cuales cuenta el romántico y el modernista estetizante.

la opresión histórica, pero que a la vez se distingue desde la resistencia y la combatividad. La literatura en este sentido, no solo debe recoger esa historia de dominación sino exhibir en esa producción simbólica, lo que nace y surge precisamente de la opresión. Para Cornejo, este es un proyecto político: reconocer la doble condición nacional y literaria de los sistemas marginados, y reivindicar el carácter multinacional del Perú bajo el principio de igualdad de esas naciones interiores (2013: 70).

En estas páginas hemos revisado, entonces, el recorrido que realizan Ángel Rama y Antonio Cornejo Polar para nombrar al 'pueblo', para nombrar o rebautizar a esa 'otredad' representada con una categoría que permita visibilizarla, incorporarla como parte de una comunidad y, sobre todo, incluirla en el canon de la producción simbólico-literaria. Como hemos podido ver, en el caso de ambos autores este ejercicio significa un examen crítico de los avatares del tratamiento de ese 'nombre', lo que les demandó efectuar un cuestionamiento al tipo de representación que, tanto los estudios literarios como la intelectualidad en su conjunto, hicieron de esta 'particularidad'. Es importante distinguir el uso del nombre propio de 'pueblo' y el uso del término para referirnos a la operación de nombrar una comunidad que se visibiliza a través del mecanismo descrito por Laclau. Estos autores no utilizan el nombre propio de 'pueblo' y justamente en la medida en que lo transforman es que podemos considerar que hacen un aporte al desarrollo de la reflexión de la crítica latinoamericana. Esta modificación corresponde a una manera de reivindicar las subjetividades que la tradicional denominación de pueblo ocultaba. Queremos agregar que Cornejo Polar supera esa denominación de pueblo incorporando la noción de 'sociedad' que, como varios críticos de su obra han explicado corresponde a la influencia que el trabajo de Antonio Cândido tuvo en su propia reflexión[25]. Por su parte, la noción que integra Rama es la de 'cultura', que adoptará a partir de la preponderante influencia que recibirá de la antropología, específicamente, de los aportes del francés Lévi-Strauss, el brasilero Darcy Ribeiro y de la antropología estadounidense.

25. Para revisar la influencia del crítico brasilero en el programa de Cornejo, véanse Rojo (2012); García Bedoya (2013).

Sobre los resultados y consecuencias que tienen sus lecturas críticas de la historia, es necesario hacer algunos alcances y sistematizaciones que nos permitan comprender cómo esas nuevas interpretaciones funcionan en el marco de los programas teórico-políticos de los críticos y, en definitiva, entender el lugar que asumirá ese nuevo sujeto en estos. En primer lugar, dado el foco que utiliza cada uno de los autores para (re)elaborar la historia de la 'otredad' en la conflictiva zona andina del Perú, es que podemos tentativamente determinar el tipo de sujeto que construyen.

Como señalamos en la descripción de la trayectoria de la búsqueda del 'nombre' de Antonio Cornejo Polar, el lente que utiliza como instrumento de indagación es el de la literatura. A través de la revisión de su historia y de la historia de su estudio, el crítico intenta acceder a esa noción de sujeto que quiere reivindicar y reconstruir. Luego de leer su propuesta nos damos cuenta de que el sujeto que encuentra es un sujeto escrito, es decir, un sujeto de la escritura, hecho de ella. Un sujeto que existe en la medida en que es escrito por aquellos que tienen el poder y la capacidad de escribirlo y cuya característica constitutiva es su heterogeneidad. Heterogeneidad del que escribe y del que es construido en esa escritura. Es en el acontecimiento de la escritura donde aparece el nombre, la forma, la historia y los conflictos de cada uno de estos elementos. Es el territorio (sujeto/escritura) en el que se enfrentan las lenguas: el español, el español popular, el quechua. El sujeto sería, en definitiva, un hecho de lenguaje pero no del lenguaje abstracto, sino de la actualización misma de este y de su eterno conflicto con los otros y consigo mismo. En este sentido, quizás, podríamos aventurarnos a decir que Cornejo construye un sujeto heterolingüístico conformado en su historia por la historia de las escrituras.

Por su parte, Ángel Rama, convencido por las claves y hallazgos que desde mediados de los sesenta las ciencias sociales pusieran a disposición de la comunidad académica literaria e intelectual internacionales, dirige su búsqueda impulsado por la necesidad de encontrar en la cultura y sus procesos las pistas para configurar su propia versión de la 'otredad'. Prueba de ello es su insistencia en la delimitación e instalación geográfica 'del nombre' —del sujeto—, su persistencia en la demarcación de zonas, regiones, de áreas y 'comportamientos lingüísticos', su fascinación con las múltiples y funcionales adaptaciones del término 'cultura' (neoculturado, aculturado, desculturación, transculturado), con las asimilaciones, las mezclas y las miscigenaciones, todos ellos términos y categorías que como fórmulas intentan organizar los modos de inclusión de lo popular y de lo extranjero en formaciones no homogeneizadas[26]. De esta manera precisamente el préstamo al que recurre Rama para construir su propio sistema proviene de las ciencias sociales, específicamente, de la antropología. Si bien el interés del uruguayo, como se advierte incluso en el mismo título del libro, se enfoca en la transculturación *narrativa*, es decir, en la producción textual transculturada, es el objeto literario el que queda interrumpido provisionalmente en su relectura, puesto que la misma noción de literatura y texto comienza a expandirse en el devenir de su reflexión en la medida en que son comprendidos como praxis social y reacción ante la avalancha modernizadora. En este sentido, el sujeto que construye Rama es un sujeto antropológico, un sujeto que se define como signo de una totalidad cultural y que se reúne alrededor del pensamiento mítico o la inteligencia mítica[27].

Otro elemento que queda por pensar luego de revisar las propuestas que contienen los textos es cuál es la forma de modulación o agencia que elaboran Cornejo Polar y Rama como intelectuales respecto de ese acto de reivindicación de lo 'popular indígena'.

En primer término habrá que reconocer que uno de los puntos de disputa entre Antonio Cornejo Polar y Ángel Rama es, precisamente, la cuestión de la representación localizada —la discrepancia— en la crítica que hace el uruguayo a las propuestas y el desempeño de la generación indigenista de los años veinte y treinta liderada por José Carlos Mariátegui. Rama considera que el grave error de los indigenistas mesticistas habría sido, por un lado, ignorar el presente de la cultura indígena "viva y auténtica bajo los harapos materiales de la injusticia

26. Es la propuesta de Mabel Moraña (2006), quien piensa que Rama y, en general los esquemas elaborados por los intelectuales de los setenta, modulan y retoman de proyectos que inician intelectuales como Mariátegui.

27. Es necesario agregar que, precisamente, una de las categorías que utiliza Ángel Rama para explicar la obra de José María Arguedas y para describir las obras transculturadas es la de la inteligencia mítica. En el siguiente apartado veremos cómo hace funcionar el concepto en la obra de quien será su modelo transcultural.

opresora" (2004: 144) y reducir el conflicto cultural a uno de clase y económico-social, situando con ello su interpretación al servicio de un marxismo ortodoxo y reduccionista. Por otra parte, la improductividad de su propuesta radicaría en que estos autores (Mariátegui, Icaza, Lara, Alegría, entre otros), pertenecientes a los sectores medios pujantes que intentaban arrebatarle el poder a la oligarquía, asumirían las demandas de los indígenas oprimidos como suyas propias en un acto de mero oportunismo discursivo-social. En "El indigenismo y las literaturas heterogéneas: su doble estatuto sociocultural", ensayo escrito en 1977, Cornejo Polar entra en la polémica que abre Rama (en la que también participa por el bando antiindigenista Vargas Llosa) y señala que, si bien su interpretación es perfectamente pertinente, las conclusiones a las que esta conduce incurrirían en una contradicción. Para Cornejo, las acusaciones de Rama contra Mariátegui se articulan problemáticamente a un concepto de la representación imposible y que incluso Mariátegui mismo habría ya zanjado en sus *Siete ensayos* diferenciando entre 'literatura indigenista' y 'literatura indígena' (propiamente tal). Cornejo argumenta que esta distinción necesariamente dispone la posibilidad de avistar una nueva forma de literatura heterogénea: "el deslinde propuesto por Mariátegui, entre literatura indígena y literatura indigenista, significa la cancelación de la *utopía* indigenista, como presunta expresión interior del mundo andino, y establece las bases para fundar una nueva y más coherente interpretación del indigenismo" (2013: 112) [28]. En este sentido, lo que le está cuestionando Cornejo a la crítica de Rama es precisamente su propensión a la inhabilidad de la representación; es decir, a la imposibilidad de que la voz del indio pueda ser hablada por otro. Efectivamente, Cornejo reconoce no solo el lugar desde donde enuncia Mariátegui: desde la ciudad, desde el aparato de la dominación blanca, burguesa, marxista, es decir, desde fuera de él (por eso la literatura es indigenista y no indígena, por cierto), sino que no ve en ello ningún inconveniente. Al contrario, descubre en esa fórmula la posibilidad cierta de generar espacios de reconocimiento y reivindicación. De esta manera, en el contexto de esta discusión, nos preguntamos nosotros con Cornejo Polar: ¿cómo podría entonces Rama en su misma condición,

28. Las cursivas son mías.

siendo quién es y perteneciendo a la élite letrada, ser un interlocutor legítimo de la identidad subalternizada o si quiera entrar en la disputa por el nombre o 'nombrar' al pueblo?

En este sentido y definitivamente desde el instante mismo en que es la mano emplumada, escrituraria (y masculina), la que recuenta y reescribe la historia de las escrituras de esas otras manos del pasado, que también bosquejaron a ese sujeto 'otro' y que también intentaron organizar un sistema de inclusiones; esa 'nueva' mano asume un lugar de poder en la jerarquía que supone e impone la representación. En estos ensayos, entonces, tanto Ángel Rama[29] como Antonio Cornejo Polar se instalan como sujetos de la escritura de la voz de la otredad, como piezas articuladoras en la construcción de un discurso o una narrativa de la peruanidad y la latinoamericanidad y, como rearticuladores de un campo acechado por la disgregación provocada por los regímenes autoritarios del sur y el fantasma siempre presente de intervencionismo estadounidense, realizan a partir del impulso descolonizador un gesto de recomposición del rol del intelectual de la región. Para Mabel Moraña este es uno de los principales retos que se impone la intelectualidad de los setenta:

> [una] praxis crítica que se articula a las alternativas de una América Latina escindida por la polarización político-ideológica y la fracturación de los estados nacionales a efectos de la represión dictatorial, los exilios masivos y la desarticulación

29. Como acabamos de señalar, entonces, Rama, de otro modo quizás y ciertamente en otro contexto, realiza la misma operación que le critica a sus predecesores intelectuales peruanos de la década del treinta. Este acto, como dice Cornejo, no cancela su interpretación sobre la forma en que se ha constituido ese 'nombre' indio/pueblo en la historia de una sociedad fracturada, pero sí debilita los argumentos que garantizan su tesis del 'error' indigenista/mesticista. Efectivamente, en lo que sigue de este trabajo, no solo queda expuesto que Rama es esencialmente un articulador proveniente de la élite letrada, de la ciudad y de una clase más bien acomodada, sino también se prueba que en su propio discurso se cuelan subrepticiamente las señas que lo filian a una visión 'civilizatoria' de la otredad (cultura o sujeto). Por solo dar algunas señales: llama la atención el uso de un vocabulario que entra en conflicto con sus propias reivindicaciones a la hora de caracterizar las culturas andinas (arcaicas, atrasadas, congeladas, fosilizadas) y al mismo tiempo la obsesión por el progreso entendido como una evolución única que proviene de la modernización europea.

> de la estructuras de resistencia y organización popular. Esta situación de discurso tiene un evidente impacto en las teorizaciones de la época. Por un lado entra en crisis la noción misma de culturas nacionales al tiempo que comienza a revisarse el papel del intelectual en los procesos sociales y políticos, las nociones de pueblo y ciudadanía así como los entrecruzamientos entre discurso poético, discurso crítico y discurso político (2006: 137-138).

Así, sin renunciar, en este sentido y bajo ninguna circunstancia, a la lógica de la representación, Rama y Cornejo diseñan una nueva figura de la 'otredad': la heterogénea y la transculturada, pero a la vez —y esto es muy importante— también bosquejan la del transculturador/letrado heterogéneo, es decir, redefinen su práctica, su propio quehacer y el del artista/escritor como agentes de la representación y legitimadores y garantes de esa voz subalternizada. En un sentido estricto, estos intelectuales y sus proyectos parecerían no solo no desactivar la lógica binaria que caracteriza el patrón epistemológico desarrollado por la *intelligentsia* criolla de ese momento y todas sus versiones posteriores sino reacomodar las piezas del juego y afinar los instrumentos críticos para favorecer en esta fase, por lo menos un poco más, el polo de los sujetos representados.

Por lo tanto, también en este trance podemos reconocer un gesto de distanciamiento respecto de la tradición crítica latinoamericana que, frente al conflicto enraizado en la fractura campo/ciudad, había diseñado fórmulas dicotómicas para resolverlas. Precisamente allí subyace el objetivo de releer la historia de la representación desde un lente crítico, de recontar la historia para ensayar una nueva posibilidad. Lo que hacen, en este sentido, Rama y Cornejo al proponer estas nuevas categorías de sujeto (y de investigación literaria) es abrir un espacio en el binomio civilización/barbarie, elaborar una nueva y sistemática fórmula para comprender (se) (nos) en la otredad. Esa nueva alternativa, creemos, queda plasmada en un modelo, un modelo que se llama José María Arguedas.

Capítulo III

Arguedas, modelo para armar

> "*Caliban*. You taught me language, and my profit on't
> is, I know how to curse: the red-plague rid you,
> for learning me your language".
>
> SHAKESPEARE, *The Tempest* (1957: 364-366).

> "hablar significa poder usar una determinada sintaxis, comprender la morfología de tal o cual lengua, pero principalmente significa hacerse cargo de una cultura, sostener el peso de una civilización".
>
> F. FANON, *Piel negra, máscaras blancas* (2009: 14).

Arguedas, modelo para armar

En el capítulo anterior nos propusimos revisar cómo tanto en *Transculturación narrativa en América Latina* como en *Sobre literatura y crítica latinoamericanas*, Ángel Rama y Antonio Cornejo Polar construyen una noción de sujeto. En este apartado nos enfocaremos en analizar cuál es efectivamente ese sujeto que pretenden delinear para sus sistemas teóricos a partir de la selección de un modelo de autor que no solo elabora a ese sujeto en su textos si no que a través de su escritura y su obra completa se constituye como tal: nos referimos al escritor José María Arguedas.

Al concluir la lectura de los textos que revisamos en el segundo apartado, y de los cuales hemos extraído la noción/construcción de sujeto que los críticos han formulado, somos testigos de que ambos autores concluyen sus ensayos con aseveraciones bastante excepcionales[1] y que coinciden significativamente en exaltar el lugar primordial que ocupa José María Arguedas en la consecución del modelo que desean canonizar. Declara Rama en los últimos dos párrafos de su ensayo "El área cultural Andina", después de los cuales hundirá sus esfuerzos a la sistematización de sus ideas en el corpus arguediano:

> Es en este punto que se puede medir la importancia de una transculturación y se puede comprender la insurgencia abrupta de Arguedas contra lo que él entendía como una "aculturación". El progreso de una sociedad, la elevación de sus estándares de vida, la adecuación a las exigencias de una civilización tecnológica (conquistas positivas para los más), no debería acarrear la pérdida de la identidad, el arrasamiento de las bases culturales sobre las cuales se edificó una sociedad durante siglos, su nota distinta, su aporte a la sociedad global humana. Es aquí donde se comprende cabalmente qué pretendió hacer Arguedas con su obra. Él, como *las montañas andinas*, buscó resguardar una tradición, aquella que conformó para él su universo infantil más pleno, y reinsertarla dentro de las culturas modernas de la dominación. Una tarea *ciclópea* a la que debemos una obra excepcional (2004: 172)[2].

Por su parte, en las últimas palabras de "El problema nacional de la literatura peruana", dice Cornejo:

> Como es claro, no basta, pero es indispensable, subrayar la doble condición, nacional y literaria, de los sistemas literarios hasta ahora marginados. Puesto que la literatura no es más que una forma de la producción social, esa reivindicación dual tiene que englobarse dentro de un proyecto general que implique la aceptación del

---

1. Decimos excepcionales puesto que sorprende a veces la grandilocuencia del tratamiento que hacen estos autores de la figura de Arguedas, sobre todo Ángel Rama. La admiración que exhiben sus palabras no es frecuente en los estudios críticos a obras o autores y, sobre todo, en este momento cuando la diferenciación entre la crítica impresionista (más adepta a la expresión del gusto personal) y la académica y/o profesional intentaba diferenciarse férreamente. Nos queremos explicar esta admiración a través de la interpretación que propondremos respecto del significado de la obra de Arguedas en los programas de Cornejo y Rama.
2. Las cursivas son mías.

> carácter multinacional del Perú, pero, por cierto, bajo el principio rector de la real igualdad entre cada una de esas "naciones interiores". En este sentido la imagen desiderativa de la literatura peruana no tiene por qué seguir dependiendo de una idea de unidad abstracta, que en el fondo sería solo la universalización del patrón dominante; al contrario, puede y debe postularse la preservación de la multiplicidad, siempre que pueda desligarse de su actual significado opresivo. Solo desde esa perspectiva la pluralidad se convierte en plenitud. La realización de esta alternativa, que Arguedas expresó como la opción del hombre peruano de "vivir todas las patrias", no es ya una tarea literaria: es *obra* política (2013: 70)[3].

Evidentemente, en estos fragmentos, los ojos de los críticos están puestos en la obra y figura de Arguedas, y aun cuando sus propuestas para explicar la importancia de su intervención se distanciarán indiscutiblemente, nos parece altamente sintomático el hecho de que ambos, con tanto entusiasmo y determinación, encuentren en él el modelo que materializa sus sistemas. En efecto, para Cornejo, lo que diferencia al indigenismo —y a la obra de Arguedas— de otras manifestaciones literarias que incorporan los cruces culturales (el criollismo, por ejemplo) es que este no considera el universo indígena como un simple referente, esto es, una materia pasiva. El indigenismo de Arguedas, en este sentido, "se ofrece a sí mismo como una reproducción de las relaciones entre ese mundo y el resto de la sociedad nacional, y como una imagen legítima de los conflictos medulares de todo el sistema social peruano" (2013: 69). Así, para el crítico de la Universidad de San Marcos, la obra de Arguedas se enmarca precisamente en este orden: se configura como un universo que actualiza y encarna los conflictos que nunca podrán ser resueltos.

Para Rama, en cambio, se trata de la armonía integradora que supera las visiones conservadoras o puramente cosmopolitas, lo que es necesario distinguir y enaltecer en la obra de José María Arguedas, ya que esta logra esa consideración de lo indígena desde el presente, furiosamente incitado y profundamente transformado por los procesos de los cambios modernizadores, y no como un monolítico objeto pasmado e idealizado. Rama considera que Arguedas reconoce en la transculturación un proceso inevitable que si bien impide la 'unidad

3. Las cursivas son mías

nacional', permite: "una inesperada colaboración que redujo las distancias entre las dos culturas, atemperó la violencia de los previsibles choques, introdujo una regulación intermediadora que facilitó un cierto ajuste entre los tiempos históricos de cada una de ellas" (2004: 162). De esta manera, para Rama, la obra de Arguedas se vuelve un cuadro ejemplar de las posibilidades de construcción de una sociedad que avanza y se modifica llevando consigo el invaluable peso de una cosmovisión recuperada.

En 1950, José María Arguedas escribe el que había planeado que sería el Prólogo[4] a la segunda edición conjunta de *Agua* (1935) y *Yawar fiesta* (1941). En el texto expone cercana y muy sinceramente los avatares, preguntas y atolladeros a los que se ha enfrentado en el proceso escritural de las dos novelas que ya lleva encima. Arguedas divide el ensayo en dos mitades dedicadas cada una a los que reconoce como dos ejes de su creación: los personajes y la lengua.

En la primera parte explica el tenaz propósito que mueve su escritura: describir la vida de los pueblos y aldeas de la serranía, "describirlas de tal modo que su palpitación no fuera olvidada jamás, que golpeara como un río en la conciencia del lector" (2009: 239). Aquellos rostros que habían quedado dibujados en su memoria, rostros reales de su experiencia infantil, lo empujaban a escribir esa y no otra literatura. Sin embargo, insiste en que su escritura no habla del indio, sino de los pueblos, caracteriza con ello a una comunidad cuyos personajes son parte de un universo que, como lo es el Perú, exhiben su inquietante y confusa realidad humana. Y es que es en la caracterización de ese doble lúcido y oscuro del alma de la comunidad, desde donde nace *Yawar fiesta* y *Agua*. La primera, escrita en 1941, será el reducto de la

4. El texto, titulado "La novela y el problema de la expresión literaria en el Perú", efectivamente fue escrito por Arguedas para abrir la segunda edición de *Agua* y *Yawar fiesta* que preparaba la editorial Huascarán. Finalmente, esa edición no se concretó y Pedro Lastra lo toma, también como Prólogo, para encabezar la edición chilena de *Yawar fiesta* publicada en Santiago por la Editorial Universitaria en 1968 (Colección Letras de América, vol. 13, dir. Pedro Lastra). Este texto aparece también el mismo año de 1950 en la revista *Mar del Sur* (vol. III, nº 9, enero-febrero, 1950, Lima, pp. 66-72). Para este trabajo usaremos la versión aparecida en la revista argentina *La Biblioteca* (2009).

compleja y problemática diversidad que Arguedas ve en los 'pueblos grandes', donde no solo habita el indio, sino una serie de personajes muy diversos caracterizados por su condición étnica y social y por el rol que desempeñan en la estructura comunitaria. Allí, dirá, se encuentran el indio, el terrateniente, los estudiantes progresistas de la ciudad, el inestable mestizo, tantos y tan diferentes personajes que "[...] la definición de sus distintas almas no puede quizás hacerse sino a través de la novela" (2009: 238). *Yawar fiesta* exhibe la forma en que estos conflictos en la serranía se agudizan marcados por el drama de las clases sociales que impulsadas no solo por los intereses económicos, sino también por las tenaces 'fuerzas espirituales' que estos convocan, se enardecen formando los bandos que habitan ese universo esencialmente conflictivo. Si bien *Yawar fiesta* fue concebida desde lo que Arguedas denomina una 'conciencia pura' y 'corazón limpio', *Agua* por su parte será construida desde el resentimiento, desde el odio. Por eso es que muestra ese universo diverso, esta vez dividido en dos y habitado por dos frentes que se contraponen, atacan y resisten irreductiblemente.

En la segunda parte de su ensayo, Arguedas se refiere a su lucha con el lenguaje y para ello se cuestiona la dicotomía entre lo universal y lo regional ¿en qué idioma narrar la aldea? Parecía este, según cuenta, un trance insoluble. Relata, expresivamente y con emoción, el padecimiento que le produjo la lectura de sus primeros cuentos, escritos en un perfecto y estilizado castellano, pues cómo podría escribir en ese registro su propia experiencia y sus recuerdos vividos en otra lengua: "bajo un falso lenguaje se mostraba un mundo como inventado, sin médula y sin sangre; un típico mundo 'literario', en que la palabra ha consumido la obra. Mientras en la memoria, en mi interior, el verdadero tema seguía ardiendo, intocado" (2009: 240). Explica entonces que la necesidad lo impulsó a tomar ese castellano heredado como elemento primario y a transformarlo hasta convertirlo en un instrumento propio[5], lo que implicaría para él un gesto de la 'creación más absoluta'.

Confiesa que en el periplo de escritura de "Warma Kuyay" se convirtió en un buscador que trataba a través de sutiles desordenamientos que el castellano se convirtiera en el molde justo para expresar las que

5. Refiriéndose al español específicamente literario.

consideraba mejores y legítimas 'esencias'. Para completar *Yawar fiesta* el trabajo fue arduo: "Cinco años luché por desgarrar los quechuismos y convertir al castellano literario en el instrumento único" (2009: 241). Según reconoce, escribía los capítulos innumerables veces y, en angustia y trabajosamente, volvía siempre al principio. Arguedas describe en estas páginas el tránsito de la creación literaria como un proceso de desgarramiento, desgarramiento personal, del lenguaje y de la forma, que nunca y de ningún modo, quedarían intactos en este transitar.

De esta manera, las reflexiones técnicas y confidencias personales de Arguedas respecto a su trabajo con el texto literario se convierten en una fuente desde la cual los críticos pueden tanto extraer como confirmar los fundamentos necesarios para construir sus programas teóricos y su proyecto latinoamericanista. Esto porque, a través de la importancia que le atribuye Arguedas al espacio o referente (geopolítico)[6] que le sirve de escenario de la representación, a los personajes o sujetos pasibles de ser representados y a la lengua a través de la cual esos sujetos son encarnados, actualiza de manera paradigmática sus categorías de transculturación y heterogeneidad. En un segundo plano, porque al dejar al descubierto y retratar la figura del escritor mismo enfrentado conflictiva y combativamente a su propia práctica, permite a nuestros críticos elaborar la figura del sujeto propiamente transculturado, en un caso, y heterogéneo en el otro.

Respecto al primer elemento podemos corroborar que Arguedas no solamente escoge el lugar físico que ambos críticos han definido como la 'zona de contacto' en la que tanto la literatura transculturada como la heterogénea emergen (la serranía del sur de Perú), sino también caracteriza ese territorio a partir de las condiciones materiales y simbólicas que precisamente determinan el carácter transcultural o heterogéneo de las manifestaciones culturales plurales que desde allí se producen. Arguedas quiere *hablar* sobre los pueblos, pueblos grandes

6. Utilizamos este término aun cuando no está presente en el ensayo de Arguedas ni en los textos de Rama ni de Cornejo, puesto que, en definitiva, la categoría se encuentra implícitamente utilizada en los tres casos. Al presentar un territorio específico afectado por relaciones de dominación generadas por el encuentro intercultural, automáticamente se está caracterizando la zona como una en la que la política define fronteras no solamente geográficas, sino también simbólicas.

y aldeas, espacios altamente conflictivos donde la herencia de la invasión y la dominación han determinado las relaciones entre los sujetos e incluso la forma de nombrarlos[7]. Precisamente, desea mostrar esos territorios reconfigurados a partir de las grandes transformaciones, negociaciones y cruces que describe Rama, pero también constituidos por un conflicto insuperable que genera diversos sistemas de pluralidades definidos por su heterogeneidad (Cornejo). En esos precisos 'espacios de confluencia' (Cornejo) o 'espacios del contacto cultural con la modernización' (Rama), es donde conviven las fuerzas que Arguedas define a través de sus personajes.

Cuando leemos el ensayo de Arguedas advertimos la cardinal importancia que le atribuye a los personajes de sus obras, pero también a los sujetos que, en sus trazas escriturales, están siendo representados. A pesar de que podemos ser testigos de ello en su literatura, es de radical importancia registrar cómo el escritor escoge y reconoce posicionarlos como ejes estructurantes de su escritura y de su experiencia vital. Arguedas es tajante en su ensayo al declarar que él no escribe solo sobre 'el indio', sino que escribe sobre el Perú andino desplegado en todos sus elementos, "en su inquietante y confusa realidad humana". En la extensa enumeración y caracterización que hace de esos que se transforman en tipos humanos y de las maneras en que ellos transitan en su propio pueblo y desde la serranía a la urbe, precisamente podemos reconocer los múltiples cruces culturales a partir de los cuales tanto Rama como Cornejo describen al sujeto latinoamericano, pero también a la literatura que da cuenta de ellos. Todas las formas de relación posible entre los habitantes de la serranía quieren ser expuestos por Arguedas en el universo literario. Todas esas formas hijas de la violencia, el extrañamiento y el (des)encuentro, son las que los críticos reconocen como productos de los procesos históricos, económicos y sociales de una sociedad fracturada.

---

7. En el primer párrafo del ensayo Arguedas explicita esta idea diciendo que lo rural y el nombre de un campesino, en los países "descendientes del Imperio Incaico y de España", han sido determinados por las relaciones culturales consecuencia de esta imbricación y que, en este caso específico, ha adoptado el nombre de "indio".

Tanto para Rama como para Cornejo Polar uno de los núcleos fundamentales en la definición de una literatura heterogénea y de una transculturada es la lengua. La lengua es el elemento fundacional de la diferencia, y las fórmulas que los artistas y escritores encuentran para modular sus universos narrativos pasan por una reflexión y un trabajo arduo sobre el código de la representación. La lengua será el instrumento a través del cual se actualizan los cruces y conflictos entre sistemas y las negociaciones interculturales en el universo de la novela.

> ¿En qué idioma se debía hacer hablar a los indios en la literatura? Para el bilingüe, para quien aprendió a hablar en quechua, resulta imposible, de pronto, hacerlos hablar en castellano; en cambio quien no los conoce a través de la niñez, de la experiencia profunda, puede quizá concebirlos expresándose en castellano. Yo resolví el problema creándoles un lenguaje castellano especial, que después ha sido empleado con horrible exageración en trabajos ajenos. [...] Yo, ahora, tras dieciocho años de esfuerzos, estoy intentando una traducción castellana de los diálogos de los indios. La primera solución fue la de crearles un lenguaje sobre el fundamento de las palabras castellanas incorporadas al quechua y el elemental castellano que alcanzan a saber algunos indios en sus propias aldeas. La novela realista, al parecer, no tenía otro camino (Arguedas 2009: 241-242).

De esta manera, en el ámbito exclusivo de la creación literaria, vemos cómo en las declaraciones de Arguedas se modula precisamente lo que para Cornejo constituye una de las operaciones fundamentales del indigenismo, la de llevar al plano de las formas estrictamente literarias los conflictos irresolutos de una realidad extraliteraria también conflictiva. En este sentido, para que una literatura sea heterogénea y exhiba esa totalidad contradictoria que define la disgregada constitución nacional no basta con integrar contenidos que refieran a los conflictos, sino que implica, por ejemplo como hace Arguedas, asumir ciertas formas literarias orgánicas de ese referente y revelar, en su enfrentamiento con la lengua dominante, la diferencia como parte estructurante del universo ficticio de la creación. De esta manera, en la nomenclatura cornejiana, el ejercicio que realiza Arguedas al crear este idioma artificial consiste en "poner en relación no solo la realidad, lenguaje y cultura de distintos estratos de una sociedad, sino de dos universos diferenciados y contradictorios: el indígena y el occidentalizado [...]" (2013: 68). El poner frente a frente esos espacios dicotómicos en la configuración de este nuevo lenguaje implicará para Cornejo gatillar rotundamente todas las tensiones de la lengua que operan en la contradicción y que no se extinguen en el conflicto del bilingüismo, pues incorporan la oposición entre oralidad y escritura, las de dos cosmovisiones sostenidas en racionalidades diferentes, las de dos estructuras económicas que poseen distintos modos de producción.

Para Rama el golpe modernizador del periodo de entreguerras del siglo xx produjo sus efectos en el idioma. Este habría sido utilizado como un arma de resistencia y a la vez como un instrumento de consolidación de la autonomía regional. Variadas habrían sido las soluciones literarias que dieron cuenta de ese proceso, muchas de ellas ambiguas pero que, sin embargo, se perfilaban como el fiel reflejo de una transformación social y cultural de la cual era parte también el escritor. En este escenario, los regionalistas, herederos también de los efectos de esa modernización, introducirán cambios al uso del lenguaje. Colocados en el tránsito de la transculturación, los regionalistas harán "[d]el léxico, la prosodia y la morfosintaxis de la lengua regional" el campo preferido de la confirmación de la originalidad y la representatividad. Es así como Rama reconoce en este instante la introducción del habla de los personajes que ya no necesariamente son hablados por un narrador sino que aparecen emancipados de su intervención y control expresando su propia visión del mundo. En este caso, sin embargo, el habla no es integrada en la forma de un remedo o una imitación, sino utilizando formas sintácticas o lexicales que pertenecen al español americano de alguna zona lingüística del continente (Rama 2004: 42): "El autor se ha reintegrado a la comunidad lingüística y habla desde ella con desembarazado uso de sus recursos idiomáticos. Si esa comunidad es, como ocurre frecuentemente, de tipo rural, o aun colinda con una de tipo indígena, es a partir de su sistema lingüístico que trabaja el escritor, quien no procura imitar desde fuera un habla regional, sino elaborarla desde dentro con finalidad artística" (2004: 43). Lo más importante para Rama, en este sentido, es que en creaciones como estas, en las que tiene lugar la imbricación de las lenguas, se produce la síntesis generativa de toda producción transculturada, una síntesis que combina la acción modernizadora de una norma extranjera (extraña) con una regional y que contempla la preservación de la cosmovisión de esta última. Precisamente, el funcionamiento de este modelo es lo que ve Rama en el gesto transculturador de Arguedas, pues es a través del lenguaje que se cristalizan las formas de las negociaciones entre culturas.

El ensayo de José María Arguedas es un testimonio. Lo es para nosotros, pero también lo fue para Ángel Rama y Antonio Cornejo Polar. Y no solo porque en su escrito exponga los avatares del proceso de construcción de sus obras, sino porque cuando lo hace se *posiciona* como escritor, como intelectual y como sujeto histórico, como pueblo; se instala como una subjetividad que no solo construye el universo de la otredad plural, sino también como una que la experimenta en carne propia y la piensa. Es a partir de este acontecimiento de la 'aparición' del escritor como problema que podemos oficiar la lectura de un segundo nivel de significación que ofrece el texto de Arguedas para los proyectos de Ángel Rama y Antonio Cornejo Polar.

Debido a la claridad y la franqueza del ensayo del escritor peruano, se nos hace más bien sencillo advertir y descubrir una triple faz —triple rol— de la figura que él mismo construye y que termina por seducir a nuestros críticos para que la escojan como modelo. En primer término, en el texto Arguedas se define como escritor y eso es bastante evidente. Se refiere a la recepción que ha hecho la crítica especializada de sus textos, nos explica que su objetivo es el de construir un universo de lenguaje y que lo hace tomando la decisión de reivindicar su mundo, su referente y su historia. Como ya dijimos, también reconoce ante nosotros la fuente desde la que emergen sus personajes, los describe de manera que queda claro que corresponden a 'tipos' de sujetos colectivos[8] y explica la fórmula a través de la cual formalmente (lingüísticamente) los hará hablar. Paralelamente, nos entrega pistas del por qué esa configuración de lenguaje, que es la obra literaria, le plantea un conflicto radical. Aparece entonces en su

8. Efectivamente, el texto en el cual Arguedas se concentra en esa definición es, sin lugar a dudas, *Todas las sangres*, que publicará dos años después de prologar estas nuevas ediciones de *Agua* y *Yawar fiesta* en 1964. En esta obra, que ha sido considerada una especie de compendio de los tipos de sujetos colectivos de su país, reconoce Arguedas, lo que Cornejo asevera en *Los universos narrativos*: "[allí está] todo el Perú [...]" (Cornejo Polar 1983: 18).

reflexión la pregunta primigenia que ha acechado la historia de la literatura, de la crítica, del 'pensamiento' latinoamericano: ¿cómo hacer hablar al indio (en la literatura)? Este conflicto emerge en Arguedas con fuerza pues su propia historia lo enfrenta irremediablemente a tomar una posición en la disquisición y resolverla concluyentemente. Arguedas conoce íntimamente al sujeto real al cual modela y elabora en su escritura. Él ha vivido con los indígenas y se considera parte de su comunidad, es uno de ellos. Arguedas es parte de ese *pueblo* que quiere reivindicar, es otredad.

Pero ese conocimiento de la 'otredad' no solo proviene de la experiencia vital, sino que también ha sido mediado por el saber especializado, por todo el edificio epistemológico occidental que ha disputado históricamente el lugar a las culturas autóctonas y a sus herederos. En este sentido, Arguedas *conoce* como sujeto desde la experiencia subjetiva y 'real' (convertido en 'otredad'), pero también hace del sujeto al que conoce y, por lo tanto, a sí mismo, su objeto de estudio. El etnógrafo, antropólogo, ensayista, traductor y profesor ha pasado dieciocho años de su vida 'conociendo', aprendiendo, examinando, observando y *escribiendo* —con mano emplumada— la lengua y la cultura de una 'otredad' investigada.

De esta manera, Arguedas es sujeto/objeto 'pueblo', pero es también *mediador*. Es un articulador, una bisagra de la puerta que permite los flujos entre dos mundos en conflicto. Él es el conflicto —¿razón del suicidio?—. José María Arguedas es un transculturado, pero también un *transculturador* y un heterogéneo *heterogeneizante*. Y esto es, precisamente, lo que percibieron Ángel Rama y Antonio Cornejo Polar.

Lo que Rama y Cornejo Polar están viendo, pensamos, no es solo la posibilidad de que exista una literatura que al fin represente la confusa, conflictiva y problemática realidad del Perú o de América Latina, sino que intuyen en la figura triple que corporaliza Arguedas (intelectual/artista/pueblo) una alternativa válida, firme y cohesiva de configurar una identidad y un relato de ella. A partir del estrechamiento de la distancia entre el intelectual y el pueblo que esta figura altamente móvil gatilla, asoma una opción inminente de que el significante vacío sea llenado de un contenido que, al fin, nombre a América Latina.

Este es, precisamente, el valor que adquiere en el texto de Arguedas la declaración en la que el escritor plantea que él no habla exclusivamente del indio, sino del Perú andino. Arguedas, como una particularidad específica se alza sobre las otras en la disputa por la hegemonía, llevando consigo la cadena de equivalencias, o demandas, y a través de esta operación 'nombra', da el nombre de 'pueblo' y se convierte en su representante. Arguedas es, por tanto, un transculturado, pero también un transculturador, una particularidad entre muchas otras que gana la hegemonía y arrastra consigo a cada una de las particularidades marginadas que contiene ese nombre de 'Perú andino'. Es un heterogéneo que logra alegorizar la heterogeneidad.

Como revisamos en el capítulo anterior, es en esta empresa de nombrar al otro en la que se encuentran también, justamente, nuestros críticos. Así como Arguedas, se hallan en la disyuntiva de crear un sujeto/subjetividad. Sin embargo, a diferencia de 'el modelo' —arguediano—, ellos no han sido parte de ese pueblo que desean construir, ya que hasta el momento todavía se han localizado en ese lugar privilegiado que procura la cuidad letrada amurallada. A pesar de ello, ven en la lección de Arguedas la posibilidad de ser lo que desean ser: mediadores, articuladores. Porque si bien Arguedas es parte de la otredad, comparte con ellos el ser un 'representante' y les da las claves (su literatura y la posibilidad de leerla) para elaborar una nueva fórmula de pensar esa 'otredad'. Arguedas al ser intelectual, artista y pueblo (un habitante de la zona de contacto), se convierte en el dispositivo que les permite a ellos, a los letrados, a los representantes o agentes por antonomasia, abrir las posibilidades de acercarse a la otredad tan esquiva, ajustando la distancia impuesta por la representación tradicional; aproximarse aunque sea un poco más a ese pueblo a esa voz por la cual Cornejo y Rama quieren seguir hablando.

En las páginas que siguen expondremos y trataremos de explicar cuáles son, en los textos de Antonio Cornejo Polar y Ángel Rama, las claves de lectura y los argumentos que los autores arguyen para transformar a José María Arguedas en ese modelo habilitador.

Regionalismo plástico, transculturación y mestizaje

En 1974, Rama comienza a escribir definitivamente sobre la obra de José María Arguedas[9]. De esto queda registro en los primeros ensayos que reúne en *Transculturación narrativa en América Latina* ([1982] 2004), pero también en su *Diario* personal (2008: 71-72) cuando reconoce entre sus trabajos postergados, precisamente, uno sobre el peruano. En las primeras reflexiones que aparecen en estos artículos estructurales de su teoría de la transculturación, se hallan progresiva e insistentemente las referencias a Arguedas incluidas como ejemplos para demostrar la consistencia y densidad de esta nueva categoría de lectura fabricada específicamente para la literatura escrita en América Latina.

Las primeras reseñas al nombre de Arguedas aparecen ya en el artículo que abre *Transculturación narrativa*, "Literatura y cultura" (2004: 11). En ese ensayo, como hemos advertido, Rama introduce el término 'transculturación', lo explica ampliamente y le atribuye al cubano Fernando Ortiz su autoría. En la argumentación que intenta probar la conveniencia de aplicar el concepto y explicar su funcionamiento, Rama define y defiende el corazón de su proyecto: ratificar el carácter eminentemente transculturado de un conjunto importante de la producción cultural/literaria de la 'comunidad latinoamericana' (2004: 34) que no ha sido hasta ese momento visibilizado; aquellas producciones que, a raíz del deslumbramiento que generó el *boom*, habrían sido opacadas y que integrarían el nuevo sistema que pretende instalar. En este primer ensayo, Rama estructura su argumento, en primer término, deslindando el término 'transculturación' e instalándolo históricamente, incorporando en su explicación las diferentes

9. Sabemos que ya algunos años antes, Ángel Rama habría estado explorando el rol de la figura de Arguedas en la literatura hispanoamericana. Testimonio de ello es el texto de 1969 que publica en la antología cuidada por el crítico y profesor chileno Juan Loveluck. En ese texto breve, como lo hará en ensayos posteriores, Rama utiliza el ejemplo de Arguedas para hablar sobre la importancia de la lengua en la escritura regional. Si bien ya desde fines de los sesenta Rama se inclina por el estudio de su producción, será ya entrados los setenta cuando esta se instala de manera más contundente entre sus intereses centrales (Rama 1969).

posibilidades que implica esa transculturación (aculturación, desculturación, neoculturación). En la segunda parte, y cuando se refiere ya al funcionamiento del concepto estrictamente en la producción literaria, se enfocará en aplicarlo en relación al género narrativo.

En la discusión respecto de la diferencia entre el concepto de transculturación y aculturación, en el debate que establece la tesis de Rama con la de aquellos que comprenden la síntesis que implica la mezcla cultural como una pérdida o el menoscabo a formas autóctonas de cultura, emerge el caso de Arguedas con el fin de señalar el inconveniente que ocasionan las posturas conservadoras y puristas. Dirá el uruguayo:

> El deslinde incorporado por Fernando Ortiz hubiera complacido al peruano José María Arguedas, antropólogo como él e igualmente desconfiado de la apreciación académica extranjera sobre los procesos transformadores de la cultura americana. En el discurso de recepción del premio Inca Garcilaso de la Vega (1968) se opuso beligerantemente a que se le considerara un "aculturado", en lo que entendía que decía la palabra: pérdida de una cultura propia sustituida por la del colonizador, sin posibilidad de expresar ya más su tradición singular, aquella en que se había formado [...] (2004: 37).

Sin embargo, más importante que el uso que le da Rama a esta anécdota[10] es que pocas páginas más adelante utilice el ejemplo del escritor peruano para exhibir las formas en que opera esa transculturación específicamente en la novela. De este modo, en este texto de 1974, el crítico se pone como objetivo darnos un panorama general de su esquema teórico explicando cómo es que esta transculturación se ejecuta en la obra de Arguedas en tres terrenos de análisis: la lengua, la estructuración literaria y la cosmovisión.

Así como la geografía latinoamericana, para Rama el idioma configura una zona de contacto, un terreno en el que se libra y ha librado la batalla de la identidad regional. El crítico advierte que a fines del siglo XIX esa batalla se habría desatado fuertemente en el trabajo del modernismo que, en función de la búsqueda de la unidad artística de la obra, optó

10. Como sabemos, una anécdota tan dura y definitiva para la vida y obra de Arguedas, ya que, aunque se defendiera fervientemente de esta acusación, el escritor peruano nunca pudo recuperarse.

por dos modelos de trabajo con la lengua, uno, el de la defensa purista del español ibérico y, el otro, que implicaba "la reconversión culta de las formas sintácticas del español americano" (2004: 40). Paralelamente, el costumbrismo romántico, cuyas fórmulas Rama llama criollas, habría comenzado a recoger ya los dialectos. Este procedimiento habría triunfado, según el uruguayo, con el regionalismo de la primera década del siglo xx que establecería un sistema bifronte en cuyo núcleo se encontraba el uso cruzado de la lengua culta modernista con el registro dialectal de los personajes. Esta propuesta estética buscaba exhibir la diferencia de voces pero aún las separaba a partir de sus divergencias: narrador y personajes encarnaban dos realidades lingüísticas que reflejaban una estructura social jerarquizada en la cual el escritor se posicionaba como la voz dominante y dueña del patrimonio del saber cultural: "si este [escritor] se aproxima a los estratos inferiores, no deja de conformar lingüísticamente su lugar más elevado, debido a su educación y conocimiento de las normas idiomáticas, que lo distancian del bajo pueblo" (2004: 41).

Para Rama, esa novedad introducida por los regionalistas de principios de siglo será insuficiente y transformada por sus seguidores influidos por los enérgicos efectos modernizadores y las crisis sociales que se despliegan en la década de los treinta. Desembarazándose del dualismo[11] anterior, integrarán definitiva y más 'confiadamente' la 'voz americana del escritor' bajo la convicción de que si bien era necesario mantener el criterio de unidad narrativa del texto, también se convertía en una exigencia reelaborar los principios de originalidad, independencia y representatividad que habían modulado y guiado históricamente las

11. Esta es una palabra clave en el programa de Rama, puesto que es precisamente el dualismo que ve en propuestas como la del indigenismo peruano de Mariátegui, o de lo que llama 'el mesticismo', la trampa del purismo de la autenticidad. A través de los primeros tres artículos que componen *Transculturación* podemos observar cómo uno de los blancos a los que apunta con su teoría es el de las dicotomías esencialistas, pero también a elaborar la historia de esas elecciones o decisiones en las formas de representación de la literatura regional. Sin embargo, es interesante pensar en qué posición queda Rama luego de intentar esquivar las dicotomías o purismos. Para el desarrollo de este trabajo se hace fundamental pensar en el posicionamiento de Rama, sobre todo en la medida en que en ocasiones los mensajes que expresa son contradictorios. En el siguiente apartado retomaremos esta línea de reflexión.

búsquedas de la producción literaria en América Latina[12]. Es con relación a esta innovación que Rama recupera el proyecto que Arguedas[13] propone y, por primera vez en su libro, profundiza un poco más en esta elección. Esta reseña le permite al crítico comenzar a constituir, justamente, la comunidad de autores en la que su sistema se adapta y construir desde allí el nuevo canon que busca legitimar.

Para Rama la contribución de Arguedas respecto a su trabajo con el idioma radica en que construye una lengua propia a partir de los materiales aportados por la cultura de las zonas 'internas' del Perú y del influjo de aquellos que fueron incorporados en los procesos de modernización. En este sentido, Rama propone que el peruano construye: "una lengua artificial y literaria [...] que sin quebrar la tonalidad unitaria de la obra permite registrar una diferencia en el idioma" (2004: 41). Esa creación lingüística buscaría encontrar una equivalencia en el español de las lenguas autóctonas americanas:

> La que antes era la lengua de los personajes populares y, dentro del mismo texto, se oponía a la lengua del escritor o del narrador invierte su posición jerárquica: en vez de ser la excepción y de singularizar al personaje sometido al escudriñamiento del escritor pasa a ser la voz que narra, abarca así la totalidad del texto y ocupa el puesto del narrador manifestando su visión de mundo. Pero no remeda simplemente un dialecto, sino que utiliza formas sintácticas o lexicales que le pertenecen dentro de una lengua coloquial esmerada, característica del español americano de alguna de las áreas lingüísticas del continente (2004: 42).

El crítico piensa que este fenómeno que incluye la subversión de las voces dominadas no puede ser separado del rasgo modernizador que lo

---

12. La tesis con la que Rama abre el libro *Transculturación narrativa* es precisamente que la producción regional desde sus inicios, en el momento en que se instala el proceso de emancipación, habría estado promovida por estos tres impulsos moduladores que serían los que, precisamente, definirían las búsquedas para la creación de una literatura propia.
13. En este momento de su investigación, Rama considera que existen también otros narradores que llevan a cabo esta tarea de dotar al escritor de la 'voz americana'. Algunos de ellos son, por ejemplo, Roa Bastos y Manuel Scorza. Pronto a su corpus de escritores transculturados agregará los nombres de Juan Rulfo, García Márquez, entre otros, a quienes también bautizará como 'regionalistas plásticos'.

constituye en su núcleo y será el eje organizador de toda la producción literaria después de la década del treinta del siglo xx.

Como vemos, incluso ya en esta primera parte del trabajo de Rama, la construcción de una 'voz' particular que se diferencia históricamente de la tradición es fundamental en el análisis que requiere su sistema. Para él, el narrador, que a partir de una decisión autorial y estética utiliza y a la vez desjerarquiza su propia lengua —patrimonio cultural— y la integra a la de una comunidad lingüística diferenciada (o interna), constituye el eje fundamental de la existencia de la categoría de una obra transcultural[14]: sujeto transculturado (narrador/escritor) y obra de la transculturación se revelan como los dos territorios en los que se descubre una particularidad de la literatura latinoamericana y, según creemos piensa Rama, un componente elemental de su identidad:

> El autor se ha reintegrado a la comunidad lingüística y habla desde ella [...] Desde el momento que no se percibe a sí mismo fuera de ella, sino que la reconoce sin rubor ni disminución como propia, abandona la copia, con cuidada caligrafía, de sus irregularidades, sus variantes respecto a una norma académica externa y en cambio investiga las posibilidades que le proporciona para construir una específica lengua literaria dentro de su marco (2004: 43).

Para el segundo nivel, en el que es posible visualizar y analizar las operaciones transculturadoras, el ámbito de la 'estructura literaria'[15],

14. Es muy interesante notar la cercanía que establece Rama entre 'escritor' y 'narrador', puesto que en ese ejercicio de aproximación (que a veces parece de asimilación) podría querer estar resolviendo uno de los problemas fundamentales que reconoce en la historia de la literatura latinoamericana: el de la representatividad. Para Rama, entonces, pareciera que el escritor transculturado es aquel que es capaz de autorrepresentarse dentro de la ficción, puesto que, en este caso, pertenece a la comunidad lingüística diferenciada.

15. Cuando Rama se refiere a que la transculturación actúa en el nivel de la 'estructura literaria' está aludiendo a las formas de la composición narrativa que cruzan los productos estéticos de la modernización y los locales tradicionales. Esto significa, brevemente, la interacción entre los nuevos materiales escriturales de composición 'internacional' ofrecidos esencialmente por la vanguardia europea y sus seguidores (que, según Rama, aprovecharán ampliamente los autores de la tradición que llama 'cosmopolita') y, por otro lado, el uso de fórmulas populares como la canción, los diálogos con influencias orales y composiciones narrativas utilizadas esencialmente

Rama no utilizará la obra de Arguedas para ejemplificar su análisis, sin embargo, para el siguiente, el de la 'cosmovisión', entrará de lleno en la descripción de la categoría usando la obra del peruano.

Es en el tercer nivel, el de la cosmovisión, en el que Rama reconoce que Arguedas y los 'herederos plásticos' del regionalismo[16] obtuvieron mejores y más rotundos resultados. Es allí, en ese ámbito de la novela, en la que se despliegan y representan los valores e ideologías de las sociedades y las culturas generando en sus cruces nuevas visiones de mundo. Para el crítico uruguayo, a partir de la tercera década del siglo pasado se habría producido uno de los más relevantes procesos de influencia cultural desde la metrópolis —como territorio de abastecimiento de lo extranjero— hacia las periferias urbanizadas y relativamente modernizadas. Precisamente una de las secuelas de este en el ámbito de las ciencias humanas habría sido la incorporación de una nueva concepción del concepto de 'mito'[17]. Esta nueva perspectiva sobre el mito trasplantada desde Europa, se habría convertido en una posibilidad versátil y válida para interpretar 'los rasgos de América Latina' (2004: 51): esas cualidades de su especificidad que aún parecían opacas e indomesticables para el escritor y el intelectual y cuyo desciframiento implicaba el rescate de las creencias populares de las comunidades indígenas. Según Rama, el impacto de esta nueva ideología en los centros culturales Latinoamericanos, habría permitido incorporar nuevas perspectivas a la producción narrativa de la región. Muchos escritores,

---

por tradiciones 'analfabetas' (2004: 46). Para ejemplificar su punto de vista, Rama utiliza la obra de Juan Rulfo, quien será junto a Arguedas otro de los paradigmas del escritor transculturado/transculturador. Véase Rama (2004: 43-48).

16. En el artículo también denomina de este modo a los escritores transculturadores.

17. Algunas de las figuras más importantes que desarrollan este nuevo concepto, según Rama, serán por ejemplo S. Freud y C. Lévi-Strauss. El trabajo de este último es de gran trascendencia en la propuesta de Rama y no solo para sistematizar el proceso que describe en este momento de su escritura, sino también para su propio desempeño crítico en general. En *Transculturación narrativa* se puede ver una permanente alusión a las ideas y reflexiones del antropólogo francés. No cabe duda de esto cuando, en el ensayo "La inteligencia mítica" —sobre el que profundizaremos un poco más adelante—, utiliza el concepto del 'pensar mítico' desarrollado por el francés en su libro *Lo crudo y lo cocido* (1964), y que usa para describir la obra de Arguedas.

siguiendo el impulso de la originalidad, la representatividad y la independencia habrían encontrado en la nueva concepción del mito una alternativa a sus búsquedas estéticas generando con ello un productivo reencuentro con lo local y fértiles exploraciones en las fuentes vivas de las creencias autóctonas.

En este sentido, a diferencia de los narradores cosmopolitas que desde las zonas más intervenidas por las metrópolis europeas llevarían a cabo más bien una estrategia de universalización de los mitos populares, los autores transculturadores habrían trabajado sobre la dispersión y ambigüedad de un universo cultural cuya cosmovisión resistía las lógicas de la racionalidad occidental y, lo que es más importante, habrían creado un significado nuevo para esos mitos que lejos de equilibrar ambas epistemes exhibiría su enfrentamiento y problematicidad (2004: 53). Basándose en los aportes que obtiene del estructuralismo literario (Barthes) y de la antropología estructural (Lévi-Strauss), Rama explica que la contribución de estos nuevos regionalistas se sostiene sobre una operación alegórica[18] que implica que "La construcción de la historia es reproducida por la construcción del discurso, de tal modo que las formas de la peripecia equivalen a las formas de la narratividad"[19] (2004: 53). De esta manera, los escritores 'transculturados', transformados en sus propios narradores[20], recuperarían esas formas de conocer diversas profundizando sobre todo en el cómo es que se habrían generado hasta constituirse en mitos. Esta estrategia de entrecruce epistemológico será la que Rama denomine "el pensar mítico" y que halla en Arguedas su cultor perfecto.

---

18. Rama no caracteriza literalmente esta estrategia como una de tipo alegórica, pero sí lo establece de manera implícita a juzgar por la forma en que explica el procedimiento.
19. Es a partir de declaraciones como estas que podemos sugerir la influencia que Barthes (conceptos como narratividad y otros) y otros estructuralistas han tenido sobre el sistema teórico de Rama. La forma en que el crítico lee las obras que usa, así como los conceptos de los que se arma para realizar sus análisis sobre ellas corresponden a las formas de lecturas y categorías teóricas desarrolladas por esta escuela que hegemoniza, durante los sesenta y gran parte de las siguientes dos décadas, el campo de las humanidades y las ciencias sociales.
20. De esta manera, así como sucedería en los niveles de la lengua y la estructura literaria, los escritores se alegorizan en sus narradores como actantes de la nueva narratividad.

La lectura de Rama es que Arguedas es capaz de superponerse tanto a la polaridad radical de las fórmulas literarias indigenistas y conservadoras que resguardaban con celo los mitos en su forma tradicional, y las modernizantes o cosmopolitas que simplemente los transformaban. Como un transculturador, Arguedas lograría consumar una mediación entre su propia concepción de mundo efectivamente afectada por el proceso modernizador y la cosmovisión de las comunidades interiores de su país que había sido también producto de siglos de acumulación y reelaboración cultural. De este modo, este autor/narrador: "construye a base de estas operaciones, trabaja sobre lo tradicional indígena y lo modernizado occidental indistintamente asociados, en un ejercicio del 'pensar mítico'" (2004: 55).

Es a partir de la definición y delimitación de un uso específico de la lengua, del uso de estructuras narrativas particulares y de la configuración de una nueva forma de representar una cosmovisión en la obra literaria (pensar mítico), que Rama comienza a elaborar un 'esquema de asociatividades' constituido por un grupo de escritores que tomaron decisiones estéticas similares en las circunstancias de una escena cultural común (2004: 54-55). Así, reconocerá en este conjunto de regionalistas de los años treinta, del que Arguedas se yergue como seguidor y luego paradigma, el germen de una de las corrientes que considera más importantes en la literatura latinoamericana de la segunda mitad del siglo XX, la de los transculturadores.

Un elemento nuevo, que Rama integra al examen de la obra del peruano en el ensayo "Regiones, culturas y literaturas" para examinar la obra de Arguedas, es el del rol de los personajes en la obra transculturada. Los escritores considerados por el crítico como transculturadores son también y sobre todo representantes de la cultura de zonas internas de cada uno de sus países, territorios en los cuales con mayor o menor fuerza y consecuencias se habría experimentado el proceso de negociación con la modernización. Estos autores[21], que provienen de lo que él llama 'zonas maceradas aisladamente', en su tránsito desde

21. De esta forma, incluye los ejemplos de Rulfo, que no proviene de la gran metrópoli mexicana, sino de Jalisco; García Márquez, del área costeña de Colombia; y João Guimarães Rosa, de Minas Gerais.

ellas a las ciudades y viceversa, lograrían conquistar el estatus de 'mediadores'. En esa experiencia de migrancia[22] transportarían consigo formas oriundas a veces ignoradas y las reelaborarían en el contexto del conflicto modernizador que "instaura el movimiento sobre la permanencia" (2004: 96).

De esta forma, el escritor se incluye en los textos como un receptor 'ideal', uno que domina las formas en que conoce su lector urbano y al que le presenta su saber de la comunidad rural. Así, se transforma en una bisagra que conecta las voces de la realidad de la cultura interna con las modernizadas, y que a la vez se integra al texto como narrador del relato:

> En él se deposita un legado cultural y sobre él se arquitectura para poder transmitirse a una nueva instancia de desarrollo, ahora modernizado. Es el escritor quien ocupa el puesto de mediador, porque esa es su función primordial en el proceso [de transculturación], y es él quien devuelve al relato esa función mediante personajes que desempeñan dentro del texto esa tarea (2004: 100).

El último texto escrito en 1974 es el que abre la segunda parte de *Transculturación narrativa*. En la introducción a esta sección, Rama advierte que, luego de haber elaborado en la primera una visión panorámica general y regional del funcionamiento de las culturas y las literaturas transculturadas, ahora se ocupará de un caso excepcional, de una zona geográfica que presenta un desafío teórico en tanto territorio 'congelado y rígido' que permite visualizar los conflictos de la modernización de forma particular. Se trata de la que denomina "área cultural andina", cuyo centro se enmarca en la serranía sur del Perú. Esta inmersión del análisis en la zona interna y, según su perspectiva, la más cerrada y resistente a los embates de la modernidad, será el primer paso en el estudio focalizado en la obra y figura de José María Arguedas. En

22. Rama no se detiene en analizar a fondo esta experiencia del traslado. Sabemos que lo hará Antonio Cornejo Polar en *Escribir en el aire* (2011) y en el artículo publicado en 1996. Es interesante registrar que desde este periodo ya se estaba considerando una categoría muy productiva para leer la literatura latinoamericana (y otras) y que hoy está siendo ampliamente considerada. Véase Cornejo (1996: 837-846).

este texto, que concluye el proceso escritural de un año de reflexiones en Caracas, Rama realiza un análisis cronológico de los efectos de la modernización en el Perú serrano, construyendo una crítica a la visión dualista de las discusiones sobre el proceso y la formación de la identidad nacional.

En los siguientes artículos del libro, la obra de Arguedas comienza a transformarse en ese paradigma de la figura transculturada/transculturadora del regionalismo 'plástico' puesto que se convierte para Rama en un 'agente de contacto'[23], un 'modulador' que articula su experiencia real adolescente con el mundo indígena, su saber profesional —como etnógrafo— y su personal vivencia de los procesos de modernización del Perú, con la escritura que produce. En la medida en que esa experiencia vital lleva inscrita una cosmovisión aprendida y aprehendida, este articulador será capaz de transmitirla a su universo escritural generando una nueva para quien la recibe elaborando con ello una ética/estética propia. Precisamente, en la lectura de los artículos "La gesta del mestizo" (1975) y "La inteligencia mítica" (1976)[24] somos testigos de cómo Rama argumenta su tesis centrándose esta vez en el análisis de los aspectos aledaños a su obra literaria para dar cuenta de que Arguedas es más que un escritor tradicional[25]; es uno que construye

23. Para explicar esta categoría, Rama utiliza distintas denominaciones. El transculturador será un mediador, un agente de comunicación, una agente de contacto y, más adelante, incluirá el término de mestizo.

24. Tanto "La gesta del mestizo" (1975) como "La inteligencia mítica" (1976) fueron escritos originalmente por Ángel Rama como prólogos para compilaciones que él mismo realiza de textos antropológicos de José María Arguedas. La primera compilación, que abre precisamente con "La gesta", corresponde a la colección *Fundación de una cultura nacional indoamericana* que se publica en México en 1975 y que recoge una serie de textos en los que Arguedas investiga y reflexiona sobre el arte popular e indígena de la serranía peruana. La segunda suma se titula *Señores e indios. Acerca de la cultura quechua* y será publicada un año después, en 1976, en Montevideo, por su propia editorial, Arca. A esta edición corresponderá el prólogo "José María Arguedas transculturador" que, sin embargo, se integra en *Transculturación narrativa* bajo el título de "La inteligencia mítica".

25. El hecho de que el uruguayo realice las compilaciones de los trabajos antropológicos de Arguedas no es casual y se condice, creemos, con su afán de canonizarlo y con la voluntad de rescatar una esfera del trabajo de Arguedas que Rama cree esencial en la elaboración de un proyecto intelectual total. Esto porque el proyecto

su propia vida como una obra de arte en un proyecto que el uruguayo define: "como un 'servicio cultural' contribuyente a la formación de la nacionalidad peruana" (2004: 175; comillas del original).

Desde esta perspectiva, evidentemente, no es trivial que Rama dedique gran parte de sus esfuerzos investigativos a rescatar y reunir los textos antropológicos del escritor peruano. Este ejercicio le permite sustentar la idea de que estos representan de alguna manera una estrategia del autor para comprender el mundo indígena que quería reivindicar y, de paso, comprenderse a sí mismo y el lugar que ocupaba en el constructo de una nación dislocada. Es por esto que Rama suscribe como dispositivos centrales en la construcción de ese proyecto nacional arguediano el papel que cumplen la disciplina antropológica y su propia biografía. Estos dos aspectos le habrían permitido a Arguedas construir un *locus* desde el cual legitimar su experiencia, articular sus saberes y preguntas y hablar (científicamente) desde el código oficial, permitiéndole por tanto realizar un trabajo cabal e integral en lo que significa no solo revelar o dar a conocer la producción cultural popular e indígena, sino también construir un lugar de enunciación intelectual válido y legítimo desde el cual presentar, organizar y estructurar una nueva comprensión de la identidad nacional: la de una peruanidad 'integrada'.

Según Rama, el lugar en la obra de Arguedas donde confluyen biografía e investigación, vida, historia, conocimiento teórico y creación será en el terreno de lo 'mestizo'. Descubre aquello y en adelante orienta su análisis a la elaboración de un argumento que entrecruza al mestizo con el transculturado para dar cuenta de la fusión entre arte y vida.

Para el crítico, una de las obsesiones que embarga el proyecto 'unitario' de José María Arguedas es la que el mismo escritor reconoce en un ensayo de 1962 y que bautizó como "el monstruoso contra-

de Arguedas se constituye como un gesto político-social que define una "aventura intelectual" (1976: 173) y que articula sus necesidades prácticas y materiales con las creativas y espirituales. La totalidad de la experiencia escritural de Arguedas se conformaría en el entrecruce de saberes que se tejen simultáneamente impulsados por la búsqueda permanente de conocer, conocerse y compartir ese saber.

sentido"[26]. Con este título quería referirse a la determinante incorrección de las posturas indigenistas conservadoras que, en el intento de preservar la cultura autóctona de su país, las representaban intocadas, en su falsa forma pura, estilizando su lengua y tratando de mantener viva una imagen de indio que había desaparecido. La misma vida de Arguedas y sus perseverantes estudios le habían confirmado precisamente que la idealización del indio era un sin sentido. Su experiencia biográfica y profesional demostraba que, al contrario, las transformaciones e interrelaciones entre culturas que habían tenido lugar desde la conquista habían generado un sujeto nuevo y una cultura aún más rica que la que ficticiamente intentaba oficializar y esencializar la élite criolla. Este era el sujeto y la cultura mestiza. En un intento, entonces, por fijar el aprendizaje de su propia experiencia (vital y teórica) es que, según Rama, Arguedas arremete con su proyecto de defensa del mestizo. Este se erguirá como el centro de sus preocupaciones y observaciones, como el corazón y núcleo que movilizará su vida, su estudio y su literatura. En palabras de Rama, el mestizo sería para Arguedas lo que alguna vez habría sido el indio, el nuevo 'cordero pascual'; una figura que permitiría superar la visión idealizada y nostálgica de una indigeneidad congelada, factualmente inexistente y que insistía en restaurarse peligrosamente. Para Rama, Arguedas ve en el mestizo al sujeto de la transformación y es por ello que se fascina e insiste en representar su figura. De la misma manera, Rama ve a Arguedas como un transformado transformador.

---

26. Para construir su argumento sobre la validez de la 'transculturación', Rama evoca el pensamiento de José María Arguedas, en el cual reconoce un eco del propio sistema que pretende instaurar. Rama entiende que lo que para él es 'transculturación' para Arguedas es 'mestizaje', ambas fórmulas terminológicas que permitirían señalar un lugar intermedio, un espacio intersticial y de trasformación cultural. En este sentido, la figura y proyecto de Arguedas se convierten en el sostén de su propio proyecto y, en la idea del "monstruoso contrasentido" que explicara el peruano, descubre las bases de su conveniente coincidencia. Es por ello que el mismo Rama cita este artículo que Arguedas escribe para el suplemento dominical de *El Comercio* en 1962. Lo refiere precisamente para señalar no solo las características del pensamiento de Arguedas, sino también como una manera de legitimar el suyo propio. Véase Rama (2004: 186).

En la lectura de los ensayos podemos advertir que, para Rama, José María Arguedas 'es', sin lugar a dudas, un mestizo. Adquiere ese status en su experiencia de 'temprana mestización' dentro de las comunidades serranas y la fija testimonialmente en su obra literaria e investigaciones etnográficas. Por otro lado, al ser él un agente del 'mensaje europeo' se transforma, al mismo tiempo, en un espectador y, como tal, se posiciona desde un afuera. Esto le permite ver, registrar y palpar como un 'otro' el proceso de construcción del mestizo. En este sentido, Arguedas es un mestizo transculturado y un transculturador que a través de su diferencia es capaz de advertir y traducir la experiencia transcultural. Esta experiencia testimonial lo convierte en un artista-investigador capaz de visualizar en el sujeto mestizo al depositario de una nueva identidad nacional que es necesario reivindicar.

De esta manera, este mestizo 'transculturador' que es el escritor peruano construye un narrador o personaje que, justamente, se constituye como un operador de este dispositivo de contacto dentro del texto. Según Rama, en sus libros es posible reconocer las voces de quienes conectan y vinculan el mundo de las comunidades internas de la serranía del Perú, sus tradiciones, lengua, formas de comunicación y cosmovisión, con aquellas que son generadas por los influjos de las metrópolis europeas y los conflictivos procesos de modernización urbana:

> Poco a poco ese mismo papel lo confirió al mestizo, personaje sin cuarteles de nobleza como el indio, de escaso prestigio intelectual o ético, pero que vista su destreza, energía y capacidad de adaptación se presentó como el más viable, el único capaz de salvar algo de la herencia india en los difíciles trances de la aculturación (2004: 185).

Para Rama, la gestión de Arguedas respecto del mestizo se convierte en una promesa de futuro, pues la reconsideración de esta figura como componente central de la construcción de una identidad nacional podría establecer las bases de una 'política de la cultura' en América Latina. La cultura mestiza representaría, en este sentido, para Rama, la posibilidad de una identidad integrada urgentemente necesaria y José María Arguedas modelaría tanto en sus textos literarios como en su trayectoria total, una alternativa ética y estética, concreta y real de realizarla. Escribe Rama en "La inteligencia mítica":

La singularidad del proceso transculturante radica en su excepcionalidad. Un blanco se asume como indio, con el fin de socavar desde dentro la cultura de la dominación para que en ella pueda incorporarse la cultura indígena" [...] "Su obra se impregna así de un rasgo definitorio de todo espíritu vanguardista: la futuridad. Se constituye íntegramente en una apuesta a largo plazo y remite su cumplimiento absoluto, su pensamiento y su arte, a las generaciones que vendrán, ya signadas por ese cambio sustancial que se está anunciando (2004: 205-206).

Historia, sociedad y literatura. La fractura en la obra de Arguedas

Una de las divergencias fundamentales entre las propuestas teóricas de Ángel Rama y la de Antonio Cornejo Polar se halla incrustada en la cita que acabamos de registrar. Para el primero, la fórmula que permitiría entender, descifrar y explicar conceptualmente la particularidad de lo latinoamericano y de las producciones artísticas que de esta emergen subyace a la idea de mestizaje que propone una interpretación culturalista de los fenómenos. Si bien esta discrepancia medular entre las perspectivas de Cornejo y Rama ha sido expuesta y discutida por el crítico peruano con más énfasis y madurez en años posteriores a la escrituras de *Transculturación narrativa* y de *Sobre literatura y crítica*[27], ya en este último libro Cornejo exhibe cierta incomodidad respecto de la perspectiva culturalista que faculta construir la categoría a su colega. Es justamente esta incomodidad la que lo motivará un año después a revisar la lectura que hiciera sobre la obra de Arguedas en *Los universos narrativos* (1973), ahora a la luz de las nuevas reflexiones que le permitía el concepto de heterogeneidad y sus consideraciones más potentes sobre la importancia del contexto en la producción literaria.

27. Es conocida la polémica que alrededor de la discusión entre los defensores de la transculturación y el mestizaje y aquellos que, liderados por Cornejo, critican estas categorías. Precisamente, en un artículo publicado por la *RCLL* en 1998, Cornejo se encarga de relativizar la pertinencia del concepto de mestizaje y del, en ese minuto, tan mentado término 'hibridez'. Véase Cornejo Polar, Antonio (1998: 7-11).

En 1973, Antonio Cornejo Polar había publicado su libro *Los universos narrativos de José María Arguedas*[28] y es allí donde vierte de forma más completa y extensa sus reflexiones acerca de su obra. Esto no significa, sin embargo, que la tesis que propone en el libro lo satisfaga del todo. Precisamente es en el reconocimiento de sus contradicciones donde la categoría de heterogeneidad se convierte en una llave fundamental y absolutamente productiva para su nueva lectura de la narrativa del escritor peruano.

La tesis que propone Cornejo en el texto de 1973 es que la obra de Arguedas se configura como una coherencia (Goldmann 1985) dinámica que se va construyendo a lo largo del desarrollo de su trayectoria escritural. Esta coherencia estaría sustentada en tres elementos que se entrecruzan y son interdependientes. El primer elemento es el que bautiza como una dinámica doble y complementaria: "por una parte un movimiento expansivo y globalizante; por otra, un movimiento hacia adentro intensamente analítico, que permite encontrar resquicios, desfases y gamas hasta en el interior de las unidades más pequeñas" (1997: 19).

Para Cornejo, la narrativa de Arguedas parte en sus inicios presentando un mundo en su particularidad, la pequeña aldea indígena de *Agua*, y luego, a través de los treinta años del proceso creativo, llega a exhibir el todo del mundo social que configura la nación peruana:

> Se trata, pues, de una secuencia de ampliaciones sucesivas que se inaugura con el tratamiento de los sectores más pequeños de la vida andina y termina, más de treinta años después, con la aprehensión de 'todo el Perú [...] y no solamente el Perú sino un poco los grandes poderes que manejan al Perú y a todos los países pequeños en todas partes del mundo' (1997: 18).

Por otro lado, la otra cara de esta dinámica estaría dada por un ejercicio de repliegue. Aun cuando a través de los años el mundo representado se amplíe, eso no significará una disolución de lo concreto en escenografías generalizantes. Al contrario, para Cornejo esa operación de *zoom out* traerá asociada una de *zoom in*: "sectores vistos en

28. Citamos por la edición de Editorial Horizonte, 1997.

las primeras instancias del proceso como totalidades homogéneas, son posteriormente captadas en función de gamas internas, delimitadas tajante o sutilmente (...)" (1997: 19).

Además de estos elementos de ampliación del mundo representado (movimiento expansivo) y de acrecentamiento de la capacidad de interiorización (movimiento analítico), Cornejo descubre un tercero: "el del enriquecimiento de los niveles de representación" y de "las perspectivas desde las que se les encaran" (1997: 19-20). Esto significa que la obra funciona a partir de una dinámica expansiva que exhibe la dimensión social del mundo, otra, la "que abarca los estratos más diversos del universo", y una tercera que expone los conflictos del sujeto individual y la representatividad social que este lleva inscrita[29].

De esta manera, Cornejo enmarca esta cualidad dinámica de la coherencia de la obra de Arguedas en la cronología de su trayectoria y agrega que esa ampliación se desarrollará en torno a la oposición entre las culturas indígenas y la occidental/blanca. Para él, en *Agua* (1935), se puede reconocer la amplitud máxima del mundo representado, con una menor atención en las particularidades de este y que abarca más bien solo la cara social del conflicto de la serranía sur del Perú. En esta primera instancia de su obra, según Cornejo, asistimos a la presentación de un mundo estructurado sobre la base de una dicotomía irreductible:

> Delimitada dentro de las fronteras de los elementos más pequeños de la realidad Andina (la hacienda o aldea), el mundo de los primeros cuentos de Arguedas contempla la dura y encarnizada contienda entre indios y *blancos*, entre oprimidos y opresores (1997: 20).

Siguiendo este modelo, Cornejo plantea que, en la segunda etapa, compuesta por *Yawar fiesta* (1941) y *Los ríos profundos* (1958), la dicotomía se complejiza: "La oposición es ahora entre el mundo andino y el costeño, entendidos uno y otro, como complejos socioeconómicos culturales sustantivamente diferenciados" (1997: 20) y se patentiza

29. Es un poco confusa esta última dimensión que describe Cornejo. De hecho, él mismo expone en la introducción al texto que es 'menos clara' (1997: 19).

una conciencia de vivir en un país dividido. Finalmente, en la tercera etapa, que incluye *Todas las sangres* (1964) y *El zorro de arriba y el zorro de abajo* (1971), esa visión dicotómica tiende hacia el acercamiento: "En las dos novelas mencionadas se deja testimonio de cómo, por qué oscuros caminos, culturas y hombres diversos se interpenetran y forman la desconcertante urdimbre de una nueva e insólita realidad" (1997: 20). En este ciclo, entonces, se integra la idea de una nación 'unificada' y que en este caso debe su 'cohesión' a la intromisión del imperialismo estadounidense.

Aun cuando podamos o no atribuir pertinencia a esta lectura de la obra de Arguedas, sí podemos conferirle una importancia capital en el proceso de construcción de la teoría de la literatura latinoamericana y andina que realiza Cornejo Polar, puesto que en ella es posible reconocer algunos elementos fundamentales que la soportan teóricamente. En este esquema, en que el autor presenta básicamente una teleología dialéctica de la obra de Arguedas, se encuentran los dispositivos teóricos nucleares que contribuyen a establecer las bases de una reflexión que se desplegará asumiendo matices nuevos a lo largo de su proceso como estudioso de la literatura. Estos elementos, según podemos distinguir, son tres: el socialismo indigenista (Mariátegui), que aporta con la idea de la incorporación del contexto y el doble estatuto socio-cultural al estudio de la literatura peruana; el estructuralismo genético (Goldmann), que incorpora a su proyecto la idea de coherencia[30]; y la dialéctica marxista[31], que más tarde, si se nos permite la proposición, se convertirá en una forma/modulación de una dialéctica negativa.

30. Esta idea de la coherencia de Goldman participará basalmente en el diseño que más tarde hará de otra de sus categorías esenciales, la de 'totalidades contradictorias'. La idea de totalidad, coherencia y homogeneidad 'relativa', no desaparece nunca en el trabajo de Cornejo, y es muy importante puesto que bajo su punto de vista es imposible que las particularidades o los fragmentos no logren en cierto momento generar cierta conexión y cohesión.

31. Evidentemente, este marxismo dialéctico que se integra en la obra de Cornejo no lo hace en forma 'pura', sino a través de las ideas de Mariátegui y también, diríamos, del mismo Goldmann. La perspectiva marxista provee la posibilidad de desprender a la literatura su carácter 'nacional' a la que la empuja la tendencia del canon occidental que las incorpora a un destino universal a partir de la detección de rasgos universalizantes y a la vez colonialistas. Al contrario el marxismo teórico

Estos elementos se irán afinando en el proceso reflexivo de Cornejo que —como expusimos en los dos primeros capítulos de esta investigación— ya para 1974 en "Problemas y perspectivas de la crítica literaria latinoamericana" cuajarán en un diagnóstico crítico sobre el quehacer de los estudios literarios en la región y en una nueva fórmula de análisis que integra al estudio de la literatura, sobre todo la injerencia del contexto y la centralidad de la especificidad socio-cultural de las producciones latinoamericanas. Para 1977, año en el cual Cornejo escribe "El indigenismo y las literaturas heterogéneas: su doble estatuto sociocultural", el crítico ya ha diseñado y descrito las categorías de literaturas homogéneas y heterogéneas. Ellas, que entonces se consolidan como el resultado del procesamiento de esos dispositivos teóricos que Cornejo viene trabajando desde *Los universos narrativos*, serán las que el crítico peruano empleará para ir afinando progresivamente —entre fines de los setenta y principios de los ochenta— su lectura de la obra narrativa de Arguedas.

Como veremos en algunos de los ensayos que cierran *Sobre literatura y crítica*, Antonio Cornejo Polar realiza tres operaciones importantes para llevar a cabo su tarea. En primer lugar se enfrenta a la propuesta de Ángel Rama defendiendo la unidad del indigenismo basándose en la propuesta de la contradicción que lo funda —su heterogeneidad constitutiva— y desde allí caracteriza la obra de Arguedas a partir de ella. Luego, sobre la base de la idea de que la producción literaria —como proceso— no se configura en forma autónoma a la dinámica de la construcción de la sociedad peruana, confecciona un sistema (canon) de la narrativa nacional en el que Arguedas se instala como líder de una 'línea' literaria que se enfrenta a la que Rama había bautizado como 'los cosmopolitas'[32]. Finalmente, en el último texto

plantea la coexistencia de campos escindidos dentro de una misma nación (1997: 105) y que, por ejemplo, se traduce en las oposiciones entre 'literatura popular' y 'literatura culta'.

32. En la entrevista que concede Ángel Rama al periodista argentino Mario Szichman (para el programa de televisión *Espejo de escritores*, Nueva York, 1983), una de las ambiciones o propósitos que confiesa era la de releer el canon existente de la literatura latinoamericana y reacondicionarlo según la nueva perspectiva que tenía en ciernes. Es precisamente el objetivo que exhibe aquí, en este ensayo, Antonio

que revisaremos, Cornejo vuelve sobre su defensa al indigenismo, esta vez para profundizar más en su carácter contradictorio atribuyendo su heterogeneidad a una conciencia específica sobre la historia. En ese marco, analiza la primera novela de Arguedas, *Yawar fiesta* (1941), como el modelo que escenifica el posicionamiento elegíaco respecto de la pugna radical entre permanencia y cambio.

Partiendo de la tesis de que lo que define a las literaturas heterogéneas es el conflicto indisoluble que exhiben y del cual ellas mismas son el resultado, para Cornejo, a diferencia de Rama, no existirían dos indigenismos, el que, como habría planteado el uruguayo, equivoca el camino en su representación de la otredad y se transforma en un falso redentor de sus reivindicaciones, y el otro, que sortearía con eficacia ese peligro logrando en la armonización de lo occidental y lo popular, el indigenismo 'auténtico'. Para Cornejo hay un solo indigenismo, que en su condición heterogénea revelaría una fórmula estética capaz de presentar la tragedia de una sociedad fracturada. En el texto "El indigenismo y las literaturas heterogéneas: su doble estatuto sociocultural", de 1977, Cornejo plantea que Arguedas es el escritor que más contundentemente expone esta característica del indigenismo y que es, por lo tanto, representante de una de las mejores realizaciones de la heterogeneidad. Esto lo lograría no solo porque justamente vuelve a asumir las demandas sociopolíticas y económicas con las que se compromete el indigenismo de Mariátegui, sino porque, además, en su obra, se cumplen de manera categórica los rasgos que definen ese tipo de literaturas. Arguedas configura una obra que logra establecer un modo de representación en cuya base se encuentra la fractura básica de la literatura heterogénea, en la que el referente y las instancias de producción, realización textual y consumo no coinciden o pertenecen a universos socioculturales distintos. Para Cornejo, el gesto más importante que debería realizar la crítica para dar cuenta y entender la

Cornejo Polar, esta vez para literatura escrita en el Perú: reconstruir/reescribir el canon y la trayectoria de la literatura peruana. Convengamos que ambos insistirán en esta tarea. Ángel Rama con menos suerte, llegará a construir las bases de su propuesta en *La ciudad letrada*. Antonio Cornejo Polar lo hará en su texto *Escribir en el aire*.

literatura indigenista es comprenderla desde esa conflictividad. De esta forma podría superarse el criterio de interiorismo, es decir, el criterio de legitimidad y autenticidad que obliga a darle primacía a la relación mimética entre referente y representación:

> Aunque el indigenismo tiene una inequívoca vocación realista, y aunque sus obras efectivamente intentan plasmar representaciones fidedignas del mundo indígena, lo cierto es que —al lado de esta capacidad mimética— el indigenismo ensaya otra forma de autenticidad, más compleja, que deriva de la mencionada asimilación de ciertas formas propias del referente, asimilación que implica un sutil proceso artístico que obviamente es tan importante —o más— que el cumplimiento de la decisión realista (2013: 117).

En este sentido, por ejemplo, uno de los elementos que Cornejo más destaca del proyecto escritural arguediano será su integración de 'formas' literarias que pertenecen 'orgánicamente' al referente. Arguedas habría encarnado el desafío del indigenismo y su obra se configuraría como una literatura heterogénea, puesto que no solamente habría asumido las reivindicaciones del campesinado indígena y de su mundo en general, sino también porque, además, habría utilizado las formas lingüísticas del quechua incorporándolas a la estructura occidentalizada del género tradicional de la novela. Para ello habría construido un idioma artificial o inventado que une la matriz sintáctica quechua y que luego se realiza léxicamente en español. Este procedimiento va un paso más allá del aplicado por el indigenismo previo, que reducía esta operación a la incorporación de vocablos quechuas:

> Con este lenguaje ficticio, Arguedas alcanza, sin embargo, un nivel de autenticidad realmente asombroso: si por una parte puede revelar la índole real del mundo que refiere, por otra parte es capaz de revelar, también luminosamente, la raíz de un conflicto mayor, la deslumbrada constitución de una sociedad y una cultura que todavía, tras siglos de convivencia en un mismo espacio, no pueden decir su historia más que con los atributos de un diálogo conflictivo, con frecuencia trágico. Este difícil diálogo intersocial e intercultural constituye el cimiento más profundo del indigenismo (2013: 117).

En 1979, Antonio Cornejo Polar escribe un artículo en el que pondrá de manifiesto que, con *Sobre literatura y crítica latinoamericanas*, también anhela y tiene como objetivo llevar a cabo la reconstrucción del canon, en este caso, de la narrativa peruana contemporánea. Bajo la advertencia de que su sistema aún no es exhaustivo, en el ensayo "Hipótesis sobre la narrativa peruana última" (2013: 151), plantea que se propone dar cuenta de la trayectoria del género y las tensiones nucleares que lo permean sobre el supuesto de que el desarrollo de la producción literaria se inscribe en un proceso mucho más amplio: el de la historia y la sociedad peruana en su totalidad. En la medida en que Arguedas es incluido en este nuevo recuento de la literatura nacional podemos concluir que, finalmente, Cornejo Polar posiciona su obra como una de las producciones fundamentales de configuración de la nación fracturada. De esta forma el eje que signa el examen que realiza Cornejo es el que soporta su proyecto: la conexión indispensable entre literatura, historia y sociedad. Es por ello que, para enmarcar y explicar el proceso del desarrollo de la narrativa en el Perú, compone un cuadro que circunscribe esa producción a los avatares del que considera un contexto convulsionado por la experiencia de una 'modernización fallida' (2013: 157). Las diferentes estéticas que en su ensayo reconoce, de este modo, se posicionan respecto de ella como distintas respuestas ante los cambios que, según afirma, irían agudizando progresivamente la contradicción dentro de la sociedad.

En el ensayo, Cornejo trasladará su tesis incluso a la estructura formal que escoge para presentarla. En él intercala, en fragmentos consecutivos, un análisis sobre las condiciones socio-históricas que se desarrollan durante el proceso de esa modernización malograda del Perú desde el agotamiento del 'indigenismo tradicional' (años cuarenta) hasta fines de los setenta. Seguido de cada fragmento, en los que explica esos avatares políticos, económicos y sociales, introduce una exposición sucinta de las respuestas estéticas que estos habrían generado o estimulado. La obra última de Arguedas[33] aparece aquí en el marco de los conflictivos y confusos años del reformismo burgués de los sesenta y parte de los setenta, que supuso una ruptura con el régimen oligárquico y modificó fuertemente la estructura social y económica

33. En esta organización histórica se refiere a las últimas novelas de Arguedas: *Todas las sangres* (1964) y a la póstuma, *El zorro de arriba y el zorro de abajo* (1971).

del Perú[34]. En este tránsito de cambios y reorganización social, dos serían los cursos que toma la narrativa y que reconoce la crítica tradicional: la corriente neoindigenista y la neorrealista urbana, cuyos representantes, que encarnan sus extremos más valiosos, serían José María Arguedas y Mario Vargas Llosa[35]. Sin embargo, para Cornejo, más que de dos alternativas definidas por sus temáticas y sus *locus* de enunciación, se trataría de dos respuestas estéticas que aparecen como instancias de elaboración artísticas posicionadas claramente respecto a la escena contextual coyuntural:

> La tensión esencial se sitúa en otro nivel: entre la narrativa que se liga al largo proceso de modernización capitalista, triunfante luego del fracaso de la modernización odriísta y de la interferencia del reformismo, y la que se vincula a los fenómenos de desestructuración del viejo orden social y puede desde allí, dialécticamente, cuestionar la realidad presente y proponer otro curso histórico (2013: 159).

En este sentido, para Cornejo, la narrativa de Arguedas se configura como la escenificación de esa destrucción de un orden social anquilosado, pero a la vez presenta la alternativa y esperanza de instaurar en el futuro la justicia y la subversión como se puede ver, por ejemplo, en *Los ríos profundos* y, más tarde, de manera más definitiva, en *Todas las sangres*.

Cornejo plantea que la obra del escritor peruano se posiciona como respuesta estética a su contexto en dos niveles. En primer término, su narrativa se configuraría como una representación de la realidad interpretada ideológicamente. Desde esta perspectiva, estaríamos frente a una producción que progresivamente exhibe en su interior las diversas formas en que puede ser procesada la dialéctica entre cambio y

---

34. Para Cornejo estos cambios en el contexto de lo que ha denominado la modernización fallida, determinarán la entrada definitiva de Perú al sistema capitalista de rasgos transnacionales. En este sentido, el nuevo proyecto de la gran burguesía efectivamente moderna, monopólica y transnacional, sustentado por la represión del gobierno de Morales, "refleja los intereses del nuevo grupo hegemónico e intenta frenar la combatividad de un pueblo ahora más explotado y oprimido que nunca" (2013: 158).
35. Para revisar un iluminador análisis sobre las dos vertientes que estos autores lideran, véase Moraña (2013).

conservación. Según el crítico, en cada uno de sus textos Arguedas parte de la base de la imagen de un Perú desintegrado y escindido y, desde allí, siguiendo la dinámica de la ampliación[36], insistiría en complejizar esa situación mostrando la acumulación de contradicciones que se van adhiriendo a la estructura social y que implican una conflictividad cada vez mayor. Por otro lado, la narrativa de Arguedas también se construiría en sí misma como "la más intensa e iluminadora *reproducción estética* de las contradicciones medulares de la formación histórica peruana" (2013: 161; la cursiva es nuestra). Esto, porque en los textos mismos se actualizaría, a la vez, la desmembrada constitución sociocultural de Perú (donde convergen diversos sistemas culturales, sus lenguas y dispares modos de producción) y la reproducción formal de esas contradicciones. Para "revelar la identidad del pueblo indio" (2013: 161) en los textos el autor utilizaría las herramientas de la cultura extranjera dominante. En este sentido, según Cornejo, se produciría el cruce dialéctico que caracteriza a una literatura heterogénea y esas formas metropolitanas serían al fin enriquecidas a partir, por ejemplo, de la indianización del español y la subversión del género de la novela (2013: 161). En este punto será importante notar que Cornejo Polar introduce a su lectura la propuesta que Ángel Rama expusiera en el prólogo a *Señores e indios*: "La obra de Arguedas es, en este sentido, un lúcido ejercicio de transculturación" (2013: 161).

Antonio Cornejo Polar se sirve en varios momentos de ciertas ideas desarrolladas por Ángel Rama para construir su propia lectura de la obra de Arguedas. En el caso del ensayo que acabamos de presentar, Cornejo explícitamente usa el término transculturación para poder definir el procedimiento de negociación cultural que ocurre en los textos del peruano. Sin embargo, no solo cita a su colega para aceptar la eficacia de sus categorías y con el fin de utilizarlas para ratificar su perspectiva, sino también para perfeccionar y rectificar algunos de los

36. Nos referimos aquí a la lógica de la ampliación que el crítico descubre en la obra de Arguedas y a partir del cual estructura el análisis en *Los universos narrativos*. En este sentido, y aunque Cornejo Polar, en *Literatura y crítica latinoamericanas*, incorpora al análisis de la obra de Arguedas elementos tales como el concepto de heterogeneidad, insiste en las ideas clave que habrían dado forma a su estudio publicado en 1973.

planteamientos que le parecen inexactos. Es el caso de la idea de 'lo mítico' en la obra de Arguedas, que ya para el texto de 1980 "La novela indigenista: una desgarrada conciencia de la historia" se convierte en un elemento de discrepancia con el crítico uruguayo. En este artículo, publicado por primera vez en Lima en la *Revista Lexis*, Cornejo vuelve a enfocarse en el carácter heterogéneo del indigenismo, concentrándose aún más en la idea de que el doble estatuto cultural de este tipo de producción se constituye en la discordancia entre el universo de la producción y el universo escogido para ser representado. En este ensayo, Cornejo Polar quiere demostrar que la literatura indigenista posee un especial espesor en tanto es capaz de actualizar, precisamente, esa conciencia desagarrada de la historia de la nación peruana al constituirse sobre la base de la contradicción indisoluble entre transformación y preservación de la raíz nativa de la nacionalidad. Para el estudioso, esta conciencia invadiría todos los campos del saber desde el primer indigenismo de los años treinta y, sin embargo, en la literatura, encontraría una fórmula específica de resolución en dos obras de 1941, *El mundo es ancho y ajeno* de Ciro Alegría y *Yawar fiesta* de José María Arguedas.

En el argumento que Cornejo elabora en este artículo, la idea de 'lo mítico' sirve para explicar el por qué y el cómo el indigenismo tradicional acude y reivindica el pasado. Para los indigenistas del primer periodo, recurrir al pasado significaría reconsiderar lo que Cornejo llama el 'momento de la interferencia' (2013: 128), aquella escena en la que la 'comunidad indígena' o lo comunitario es interrumpida por el opresor y se transforma, por lo tanto, en la imagen del origen de su disolución. Lo mítico, entonces, se convierte para Cornejo en un ejercicio de memoria, y la referencia a ese pasado 'original', en una conmemoración del mito de la comunidad universal. Para el crítico el tratamiento de esta instancia pretérita se convierte en "algo así como una necesidad estructural" (2013: 129) de la novela indigenista y si bien no se actualiza como el recuento de la peripecia o su narración propiamente tal, se incrusta en los textos justamente como un pasado mítico, como un pasado feliz que responde al orden de lo comunitario:

> Como se ha dicho, esta especie de acto de memoria funciona intensificadoramente en referencia al contenido crítico de la novela indigenista. El mecanismo de

> antítesis que subyace en tal operación conduce, por necesidad, a la sobrevaloración del pasado; empero, de manera significativamente paradójica, ese pasado ni es materia novelada ni su restauración aparece como opción en el horizonte ideológico de la novela indigenista (2013: 129).

Según Cornejo, este mundo mítico, pasado feliz e ideal, es imposible de narrar y los escritores del indigenismo tampoco se habrían propuesto hacerlo. Es por ello que solo se incorporará a las novelas como una imagen, un acto de memoria que entra a los sistemas de significación de las obras careciendo de tratamiento narrativo. El pasado mítico se integra al mundo de la narración como una operación del recuerdo que ocurre en el pasado actual (los cuarenta recordando los años veinte y treinta) y el poder que esa imagen adquiere variará en las obras que el crítico peruano analiza.

En el caso de Arguedas y su novela *Yawar fiesta*, el pasado mítico aparece y funciona como una resistencia. El recuerdo que evoca el narrador en sus primeras líneas del capítulo "El Despojo"[37], y en la defensa exitosa que hace la comunidad indígena de Puquio de su tradicional fiesta de la sangre (manifestación cultural-simbólica que se proyecta, creemos nosotros, como fragmento del pasado mítico), se configurarían, el primero como esa imagen recuerdo que se quiere conservar y la segunda como la actualización de la posibilidad del resguardo y la no destrucción de la identidad cultural. Por lo tanto, según Cornejo, al vencer los indios en la consecución de la fiesta y al ser ellos

37. Para ejemplificar esa imagen encarnada del pasado mítico en *Yawar fiesta*, Cornejo utiliza la frase que abre este capítulo: "En otros tiempos todos los cerros y todas las pampas de la puna fueron comuneros" (2013: 129). Con ella quiere dar el ejemplo de esa imagen inenarrable de la historia que solo es evocada para abrir un apartado del libro que además se referirá al momento de la interferencia, es decir, de la intervención foránea que destruye el 'orden natural' del mundo indígena. Es interesante notar que Cornejo no hace hincapié aquí en cuál es el origen de la voz que hace la evocación. Nos parece importante y no menor que esa voz sea la de un narrador omnisciente que se presenta intercaladamente al testigo que recuenta la peripecia y que se legitima a través del uso del discurso del saber científico-enciclopédico y el del etnólogo que conoce al dedillo la geografía, la historia y las prácticas ancestrales de Puquio.

los que vuelven a tener el control sobre la práctica, se haría plausible la alternativa de la conservación de lo autóctono.

En este sentido, en el convulso contexto de los primeros pasos del reformismo y la consecuente reestructuración del orden oligárquico tradicional, a través del tratamiento de ese pasado mítico, la primera novela de Arguedas cumple dos funciones: cerrar el ciclo del indigenismo de los años treinta y, abrir, mediante una propuesta estética conflictuada, la posibilidad futura de reivindicación de lo autóctono como uno de los elementos para producir una narrativa de la identidad nacional fracturada y heterogénea.

Deslindes

Como hemos comentado ya en este trabajo, en las primeras páginas de sus textos angulares Antonio Cornejo Polar y Ángel Rama exponen un diagnóstico del estado actual de los estudios literarios y la crítica que exige cada vez con más energía, en la coyuntura de los setenta, un replanteamiento y redefinición de lo literario, de lo literario inserto en un contexto particular y de las fórmulas y categorías teóricas para dar cuenta de esos fenómenos. Ambos observan que los esfuerzos que esas disciplinas han realizado han extraviado el camino en su tarea de reconocer y examinar la producción literaria en América Latina sometiéndola al canon y las fórmulas de análisis metropolitanas europeas. Habrían dejado de lado con ello justamente una especificidad y originalidades continuamente buscadas y rastreadas indistintamente por muchos escritores y críticos. Este hecho, tienden a reconocer, se refiere a uno mucho más problemático y profundo: el del no reconocimiento de una identidad latinoamericana y del consecuente borramiento de la constitución multicultural de las naciones que componen la región. En este sentido, como hemos expuesto, la operación que intentarán realizar Cornejo y Rama para reivindicar esa diferencia marginada será una de revisión y rescate que se condice con el objetivo descolonizador que reconocen tener sus propuestas.

El resultado del procedimiento que llevan a cabo es precisamente la construcción de un sistema que asume esa pluralidad relativa retrospectiva y retroactivamente[38] y que se puede ver materializado en la creación de sus categorías de heterogeneidad y transculturación. Al mismo tiempo, el diseño y utilización de estas categorías les permitirá realizar una de las intervenciones más relevantes y productivas que conlleva el ejercicio de la crítica: (re)construir el canon. Como vimos en el análisis de los artículos de *Sobre literatura y crítica* y *Transculturación narrativa*, tanto Rama como Cornejo intervienen el sistema oficial hegemónico que hasta el momento de sus investigaciones define, selecciona y ordena la producción literaria de América Latina y el Perú. Con el objeto de integrar la producción del indigenismo o regionalismo plástico —según cada uno escoge nombrarlo—, releen la historia de la literatura regional para reorganizarla.

Frente a estas dos intervenciones (teórica y canónica), es que la obra de José María Arguedas se vuelve un objeto de estudio indispensable, puesto que se convierte para estos críticos en el modelo estético que actualiza sus categorías y a la vez —y por lo mismo— justifica la reelaboración del canon. Como advertimos al inicio de este apartado y demostramos durante su desarrollo, la obra de José María Arguedas materializa la heterogeneidad y la transculturación. Para el caso de Cornejo pues su obra expone una capacidad inusitada para evidenciar el conflictivo proceso de configuración de una nación fracturada y ser expresión formal e ideológica de este. Para Rama porque exhibe paradigmáticamente las marcas profundas de la negociación entre modernización y culturas autóctonas resultando ella misma en un producto transculturado.

Sin embargo, aun cuando Arguedas acerca las reflexiones de Rama y Cornejo, aproximándolas en términos de los mecanismos que ellos usan para legitimar sus teorías y objetivos generales (encontrar un modelo y que este modifique el canon), en lo que concierne a sus enfoques

---

38. Evidentemente, aquí queremos explicitar que, si bien estos proyectos se asumen como proyectos reivindicadores de la pluralidad, dejan de lado otras diferencias fundamentales, de raza y de género específicamente. Este hecho, que podríamos reconocer como uno que deja al descubierto la insuficiencia de sus sistemas, será probablemente uno de los mayores objetos de la crítica que recibirán los autores de parte de sus predecesores. Elaboraremos este problemático asunto en el siguiente apartado.

para realizar la tarea de análisis de su obra difieren ostensiblemente. Aunque hemos visto y confirmado que sus análisis se encuentran en diálogo y contacto, y que sutil y a veces subrepticiamente se alimentan entre sí, su gran divergencia se halla en la diferencia de perspectiva con la que cada uno trabaja; en el enfoque socio-histórico que asume Cornejo y el culturalista que emplea Rama.

Como vimos ya al comienzo de este capítulo, efectivamente, Arguedas se transforma en el núcleo generador, estimulante y organizador de las reflexiones de nuestros críticos. Y así, también como indicamos en el principio, no solo a nivel textual, sino también contextual, en la coyuntura en la que Rama y Cornejo les toca actuar y configurar sus propios proyectos[39].

A través del examen que hemos realizado hasta aquí, pensamos que el origen del entusiasmo que exhiben estos críticos por la obra y muy especialmente por la figura de Arguedas está relacionado con el sentido y el valor que cada uno atribuye a su práctica intelectual. Si bien es cierto que para el caso de Ángel Rama este entusiasmo aparece mucho más evidentemente, no deja de ser un ingrediente que también cruza la escritura de Cornejo. Rama desde una identificación más bien subjetivista y Cornejo desde la supresión o negación de la misma, parecen desear consagrar más que la obra narrativa del escritor peruano. Como hemos señalado, nos parece que el acercamiento y el deseo de consagración de la figura de Arguedas tienen más bien relación con una necesidad de autodefinición intelectual que cada uno expone con mayor o menor intensidad y vehemencia. Nos parece relevante a este respecto que, en el caso de Rama, se trate de una relación con el objeto de estudio más insistente y temeraria. Esa pulsión de ser ese intelectual, artista y pueblo, en breve, 'mediador', como lo fuera Arguedas, se expone de manera muy potente en sus ensayos. Mientras, en el caso de Cornejo, esa necesidad de reinventar la figura del intelectual nos parece más distanciada y contenida. En este sentido, quizás, las fuerzas del peruano están más bien puestas en concentrarse en los textos, en lograr un análisis que desea legitimarse a través del estricto rigor científico y

39. Coyuntura que, solo para refrescar la memoria, hemos repasado y analizado en los dos primeros capítulos de esta investigación, con mayor énfasis en el primero.

el uso de la objetividad que dé cuenta de esa necesidad de reconfigurar la imagen de un intelectual desde los códigos del saber especializado y su supuesta (y deseada) irrebatibilidad.

Así como Arguedas logró crearse un lugar de enunciación legítimo y rescatar e incluir un saber excluido usando los instrumentos que le proveyó su doble voz (española y quechua) y su triple agencia (pueblo, intelectual, artista), Cornejo y Rama recogen su legado en la forma del homenaje, pero también como reivindicación. Ese deseo de conquistar el desafío presentado por Arguedas, sin embargo, permanecerá latente, pues dependerá, al fin, de que nuestros autores, como ven ellos que hace él, crucen los puentes de la ciudad letrada.

Y es que Arguedas pareciera batallar lúcida y airosamente con la irredimible contradicción que persigue y acecha desde tiempos inmemoriales tanto a escritores (artistas) como a los críticos 'latinoamericanos'; esa contradicción que, cualquiera que sea la versión de la especificidad y/u otredad que soporta, surge de lo que Rama reconoce como la obsesiva búsqueda de independencia, originalidad y representatividad que acecha la producción cultural de América Latina. Para nuestros autores, Arguedas justamente encontraría una alternativa para lidiar con esa aporía mediante la convergencia de las lenguas, la triple investidura de las agencias y, en definitiva, la corporalización ética y estética del conflicto (Cornejo) o de la armonía (Rama). Arguedas se convierte así en el modelo de escritura, modelo de escritor y modelo intelectual que ellos quieren visibilizar y canonizar para, al fin, también encontrar un lugar para decir, ellos, en/lo 'latinoamericano'.

A partir de la exposición que hemos hecho, eso sí, parecen abrirse varias preguntas. Esto porque, motivados por el impulso descolonizador, nuestros críticos no solo realizan un acto de reivindicación, sino que, inevitablemente, construyen una utopía sobre la identidad latinoamericana —peruana— sostenida sobre la obra y figura de Arguedas. Un elemento que parece importante destacar es el hecho de que ese ideal no solo constituye un paradigma u horma estético-literaria, sino que incluye un modelo ético, un modelo de sujeto que es pueblo (colectivo), representación (artística) y que es intelectual.

En este sentido, cabe preguntarse sobre esa futuridad que le atribuyen Cornejo y Rama al trabajo de ese Arguedas "triple faz" y cómo es que esta se proyecta en sus propias reflexiones en su trayectoria posterior. Esto porque creemos que una de las preocupaciones que persiste en ellas es la del lugar o posición que ocupan el escritor y el crítico —el intelectual— en el esquema identitario de la heterogeneidad y la transculturación. Nos interesa, en este sentido, considerar y examinar los efectos y repercusiones que sus propuestas produjeron en el campo cultural, específicamente en el de los estudios literarios, en un contexto en el que, como hemos señalado ya, esos campos se encontraban asediados por la demanda de rearticulación y la redefinición del objeto (de estudio) América Latina.

En el cuarto y último capítulo de este trabajo queremos profundizar justamente en estos aspectos. Nos proponemos pensar y analizar cómo tanto esta búsqueda del lugar del intelectual, como sus aportes teóricos y proyectos en general, son recibidos, tienen resonancia e influyen en la crítica latinoamericana y latinoamericanista inmediatamente posterior a sus intervenciones y en la actualidad.

Capítulo IV

La aporía descolonial

> "Hay dos maneras de perderse: por segregación amurallada en lo particular, o por disolución, cuando uno se esfuma en el vacío de lo 'universal'".
> Aimé Césaire,
> *Carta a Maurice Thorez* (1956: 84).

Impulso, dilema, aporía. El eterno retorno

Como propusimos al inicio de este trabajo, la idea de lo 'latino' americano comienza a dibujarse y establecerse definitivamente poco después de las guerras de independencia, en momentos en que el nombre Hispanoamérica, adoptado por las fuerzas emancipadoras y unificadoras de Bolívar, empieza a ser desplazado por un nuevo modelo colonial encabezado por los nacientes y pujantes centros del pensamiento y la modernidad: Francia, Inglaterra y los Estados Unidos. En ese momento, las élites criollas, exigidas por la voluntad emancipadora, escogen adherirse al destino dispuesto por el nuevo ideal metropolitano que provee las bases políticas, económicas, sociales y culturales para la construcción de 'las nuevas naciones'. De esta manera, en la construcción de una 'América Latina' dos operaciones estarán en juego. La primera, el gesto de confirmar la autonomía y, la segunda —que también sugeríamos en los comienzos de este escrito—, la de indicar y subrayar la diferencia territorial y lingüística respecto de la amenazante América anglosajona.

Según la lectura de Walter Mignolo (2007), el fenómeno descolonizador exhibiría sus primeros ejemplos en las luchas de emancipación sostenidas en el Cono Sur por Túpac Katari (1780) y Túpac Amaru (1781), y en el Caribe, por los habitantes africanos de lo que hoy conocemos como Haití (1804). Sin embargo, a diferencia de las gestadas en los contextos de las independencias, estas inaugurales olas de subversión tenderían a resistir la lógica de la colonialidad en su totalidad, es decir, se revelarían tanto contra su cara ideológica como práctica, contra la sujeción simbólica y la invasión material y política[1]. Más tarde, en el siglo XIX, este impulso descolonizador tendrá lugar una vez que aquellas primeras generaciones de sujetos ya nacidos en territorios imperiales, aleccionados e insertos en el discurso simbólico de la metrópolis, se han constituido en su oblicua diferencia: diferencia sustentada en la ontoteología del ser universal occidental cristiano, en su concepción de civilización, y en su barbarización de la 'otredad'[2]:

> El *ethos* latinoamericano fue una consecuencia y un producto del proceso de transformación que llevó de la supremacía de la teológica, religiosa y espiritual a la prevalencia del yo y el materialismo secular, y que constituyó también el

---

1. Eso que reconoce Mignolo como las primeras indicaciones de gestos de decolonialidad es a lo que Silvia Rivera Cusicanqui (2010) se refiere con descolonización. La descolonización sería más bien el proceso político de desvinculación con el centro simbólico y material de la colonia o de la condición colonial. Nos interesa pensar en la diferencia de estas categorías en la medida en que la de Rivera Cusicanqui está sirviendo hoy de plataforma conceptual a grupos de intelectuales indígenas para construir sus propios espacios de reflexión, como explican ellos, descolonizados. Para esta lectura yo distingo ambos términos y escojo el de des-colonización de Rivera Cusicanqui y no la categoría decolonización de Walter Mignolo como un gesto de distanciamiento en tanto la suya es una que a partir de su origen y su lugar de enunciación angloparlante también se encuentra cooptada por el gesto epistemológico (neo)colonial.
2. Una explicación de la concepción racista y barbarizante de la 'otredad' habría sido construida en el antes, durante y después del Renacimiento, por ejemplo, por la filosofía (Agustín de Hipona), la teología (Las Casas) y la cartografía (Mapa Cristiano de T y en O de las *Compilaciones* de Isidoro de Sevilla (VII) y el de Ortelius (1575). Véanse Mignolo (2007) y, también Marina Münkler (2002).

reemplazo de la conciencia crítica y subalterna del *ethos* barroco por la conciencia condescendiente de las élites criollas poscoloniales (Mignolo 2007: 88).

De esta manera, pienso 'lo descolonial' como una pulsión, como un deseo inserto en el centro mismo de la condición colonial que tiene lugar en la zona de contacto[3] que posibilita el encuentro desigual. La descolonización es un gesto irrenunciable provocado y detonado por lo que Walter Mignolo denomina la 'herida colonial'[4]; una desgarradura producto de la angustia de no ser reconocido, de no poder 'ser' según los parámetros de una cierta ontoepistemología, pero también, en el caso de las poblaciones indígenas y afroamericanas, por la injusticia de ser deshumanizado y considerado sujeto prescindible. La descolonización, como práctica concreta, se sintetizaría en aquel acto material y simbólico a través del cual se intenta y aspira a acabar con la atadura colonial.

Para entender el funcionamiento aporístico de esta pulsión descolonial, es necesario comprender que esta se constituye como un 'discurso crítico', es decir, como una narrativa contrahegemónica que representa el enfrentamiento ante un orden que ignora o borra las demandas por la diferencia (o la diferenciación)[5], pero también como un discurso que sospecha de sí mismo en la medida en que reconoce que emerge irremediablemente de ese conflicto entre el deseo de la renuncia o

3. Véase Pratt (2010).
4. Tomo la definición de Walter Mignolo (2007: 34) para la categoría de 'herida colonial': "la herida colonial sea física o psicológica, es una consecuencia del *racismo*, el discurso hegemónico que pone en cuestión la humanidad de todos los que no pertenecen al mismo *locus* de enunciación (y a la misma geopolítica del conocimiento) de quienes crean los parámetros de clasificación y se otorgan a sí mismos el derecho a clasificar"; subrayados en el original. Recalco aquí que rescato de sus reflexiones el concepto de 'herida colonial' y no el de decolonización.
5. Aquí hacemos referencia a las reflexiones de Ernesto Laclau expuestas en el segundo capítulo de este trabajo. Planteamos esta conexión con las ideas del filósofo argentino puesto que creemos que a partir de ellas es posible explicar más eficientemente esta contradicción del discurso crítico descolonial. En la medida en que el discurso emancipatorio gana la hegemonía discursiva frente al que detentara el dominio, se transformaría en la nueva narrativa hegemónica que motivaría la formación de nuevos discursos que pretenden arrebatarle su lugar de dominio. Esta dinámica, podríamos decir, del eterno retorno, es generada irrenunciablemente por la existencia o presencia de un vacío discursivo, por el vaciamiento del

resistencia —política, legal, económica e intelectual— frente al (neo) colonialismo y la inevitable dependencia simbólica respecto del paradigma epistemológico que le ha servido para construirse. La conflictividad de este discurso, entonces, aparece vinculada al *locus* de enunciación en el cual este se elabora. Como vimos en el segundo capítulo de este trabajo, según Laclau, la operación de construir un nombre para decir la diferencia, ejercicio que implica el aglutinar las demandas por la diferenciación, exige la apropiación y síntesis de esos reclamos a través del mecanismo de la representación.

Dado que el discurso crítico descolonial, precisamente, será elaborado en el territorio de la 'ciudad letrada' por aquellos sujetos que heredaron y heredan el (un) discurso del saber occidental; por aquellos que han tenido acceso, poseen y reproducen 'el' conocimiento, sus métodos y prácticas, pareciera que la demanda por la diferencia, quedara atrapada en el juego de una lógica perversa. Intelectuales y académicos: filósofos, científicos, críticos, críticos literarios, artistas, activistas, etc., nos instalamos en ese lugar de la objeción y pensamos, enseñamos, diseñamos y escribimos con la pretensión de deshacernos del yugo material y metafísico de la (neo)colonialidad. Sin embargo, es en ese forcejeo entre pertenencia y disidencia en el que se activa el germen mismo de la imposibilidad de desafiliarse.

En este sentido, es esta condición doble y contradictoria, que se ha presentado históricamente como un conflicto endémico de la élite política e intelectual desde aquel preciso momento del impulso descolonial independentista y que se halla incrustado en su narrativa épica y fundacional, lo que hemos denominado la 'aporía descolonial'. Este es el fenómeno de la paradoja interna que surge en el *locus* de enunciación (en el sujeto de la agencia/representante) al enfrentarse a la alternativa de integración a 'lo universal' o la elaboración de una otredad basada en la diferencia. Esta aporía descolonial emerge como el resultado del acecho permanente e ineludible de la matriz del saber (neo) colonial naturalizado a través de los discursos simbólicos de la economía (ideología del progreso y el desarrollo), la religión (la salvación y

significante o por una falta de representatividad que necesita ser llenada por algún discurso.

la fe), la educación (civilización-barbarie), etc. Pero también, y quizás sobre todo, como lo reconocía con agudeza José María Arguedas, por la acción, en la construcción de ese discurso crítico, de la lengua misma —de la letra—, por su capacidad difusora y su poder reproductor del saber 'universal' dominante.

Con este telón de fondo, la historia política e intelectual de la región puede ser leída a través de los lentes de este discurso crítico como el proceso de configuración de lo propio y de la identidad motivado por el impulso descolonial y el enfrentamiento con su aporía. Esto es, como una historia crítica de la tensión que se expresa en los variados momentos/intentos de resistencia a la relación (neo) colonial y paradójicamente a su 'involuntaria' integración al espacio de aquella 'comunidad central' hegemónica, cuyo dominio permanece subrepticiamente colándose a través de la seducción de la promesa de la modernidad, la civilización, el progreso, la libertad y la igualdad[6].

Si aceptamos, entonces, comprender la historia de la configuración de los campos intelectual y cultural de la región también en esta clave podríamos decir que una parte de la práctica de los estudios literarios y la crítica producida en y para América Latina se constituye en esta disyuntiva. Por un lado, en nombre de la independencia, en un gesto diríamos descolonial de diferenciación y autonomía, la crítica 'crítica' sus circuitos e instituciones, decide delimitar y dar nombre a aquello que se piensa como 'lo original', lo propio o 'lo auténtico' latinoamericano.

---

6. Como lo plantea Mignolo en *La idea de América Latina*, esta forma de leer no solo la historia sino también "la geografía y la geopolítica del conocimiento" (2007: 24) tendría como intertexto el gesto teórico de la Escuela de Frankfurt en su lectura crítica de la modernidad europea. A nosotros nos interesa esta fórmula de la dialéctica negativa, no solo porque pudo informar el propio cuestionamiento de los intelectuales (neo) marxistas en la región en términos de consolidar un nuevo modo de pensar críticamente su consideración contradictoria o ambivalente respecto de la modernidad/modernización en América latina, sino también porque nos sirve para construir nuestro argumento sobre esta aporía de pensarse latinoamericano. Cuestionar la modernidad significa precisamente problematizar la configuración de ese discurso sobre lo latinoamericano en la medida en que los procesos de modernización en la región se constituyen como una fórmula de construcción de la especificidad de lo latinoamericano, pero al mismo tiempo, como una de integración al proceso de globalización fantasmagórica.

Por otro lado, inevitablemente, también se alzará como un operador o aparato primordial —eficiente y eficaz— para edificar, difundir y reproducir el saber sobre lo aparentemente universal.

De esta manera, entonces, así como la idea de una literatura específicamente latinoamericana, la de una crítica —primero hispanoamericana y luego latinoamericana— también se habría venido dibujando como proyecto y deseo desde el momento mismo del impulso descolonial generado en el contexto de los procesos de independencia y de toda aquella iniciativa posterior de resistencia a un nuevo intento de sujeción. La necesidad de hacerse cargo del conjunto de las creaciones literarias que comienzan a producirse en el 'nuevo' territorio 'liberado', se instala como un imperativo de reconocimiento y diferenciación —en relación al norte anglosajón, por ejemplo—, pero también como una garantía de posesión de una identidad cultural 'propia'. El proceso de la institucionalización de este dispositivo de (auto) interpretación avanza a lo largo de la historia, sin embargo, acechado siempre por el fantasma de la 'aporía' y por el peligro irreductible de su autoesencialización.

En este sentido, la tradición crítica de la crítica latinoamericana que obedece al impulso descolonizador y (se) problematiza (en) la aporía, comienza a conformarse, según lo reconocen varios autores[7], ya desde fines del siglo XIX a partir de las intervenciones y trabajos de intelectuales como José Martí y José Enrique Rodó. Ellos se habrían instalado en esta trinchera del discurso crítico y abrazaron la

7. Varios críticos, herederos de esta tradición en el presente, reconocen sus orígenes en los trabajos de Martí y Rodó, y establecen a partir de ellos una genealogía que organiza esta 'tradición crítica'. Entre los que hoy la reconocen —por nombrar solo a algunos— se encuentran Roberto Fernández Retamar, Nelson Osorio, Noé Jitrik, Antonio Cândido, Roberto Schwarz y Jorge Schwartz, Grínor Rojo, etc. En varios textos, algunos de ellos hacen referencia explícita a los nombres de los intelectuales y críticos que configuran esta 'formación'; sin embargo, hasta ahora solo hemos podido encontrar una sistematización monográfica completa —en formato libro— que da cuenta de los nombres que construyeron la trayectoria de este subsistema. Se trata de la *De las más altas cumbres. Teoría crítica latinoamericana moderna (1876-2006)*, cuyo autor es justamente el profesor Rojo, y que ya hemos citado en este trabajo con anterioridad. Véanse Rojo (2012), Osorio (2007) y García Bedoya (2013).

idea de pensar radicalmente la diferencia de lo hispanoamericano[8] en vísperas de la amenazante marcha de la nueva fuerza imperial estadounidense que avanzaba hacia el sur, primero anexando gran parte del territorio mexicano (1846) y luego, arrebatando sus últimas colonias a España (1898). Ya entrado el segundo decenio del siglo xx y hasta mediados de los años cincuenta, algunos, como Pedro Henríquez Ureña[9], José Carlos Mariátegui[10] y Alfonso Reyes[11], retoman la iniciativa e ideas de sus predecesores y provocados de nuevo por este impulso descolonial y las preguntas que este estimula problematizaron la condición de dependencia de la creación literaria y la crítica proponiendo fórmulas para diferenciarla de la 'tradición universal', ensayando recalcar lo que reconocían como 'lo propio' y/u original en esa producción regional, pero también enalteciendo lo que ellos pensaron como los excepcionales aportes que esta hacía al fondo común de la cultura occidental.

De esta manera, la idea de una crítica propiamente latinoamericana se va configurando y así también consolidando el germen de una comunidad que comienza a compartir lecturas, espacio materiales

8. En este caso se vuelve a actualizar la diversidad de nombres que ese territorio imaginado recibe. Para Martí es América o Hispanoamérica, como aclaraba más adelante, debido a la necesidad de establecer la diferencia con Estados Unidos ante la amenaza neocolonial que la nación anglosajona representa en ese contexto.

9. Creo que el trabajo de Pedro Henríquez Ureña *Seis ensayos en busca de nuestra expresión* (primera edición 1928) es central a la hora de discutir sobre una trayectoria descolonizadora de la crítica (literaria) en América Latina. Otro texto importante para la reflexión sobre los problemas de la dependencia política y artístico-cultural es *La utopía de América*, escrito en 1925.

10. La presencia en el campo de los estudios latinoamericanos y de la cultura de José Carlos Mariátegui es esencial en la constitución del discurso crítico. Como explicamos en los capítulos segundo y tercero de este trabajo, sus aportes inauguran un estudio contextualizado de la singularidad de la producción en el Perú que después retomará con fuerza Antonio Cornejo Polar.

11. En cuanto al trabajo de Alfonso Reyes hay que destacar como textos primordiales aquellos en los que su aporte a la consolidación de una 'crítica' y una 'teoría' en Latinoamérica es fundamental: *La experiencia Literaria* (1942), *El deslinde. Prolegómenos a la teoría literaria* (1944) y *Al yunque*, escrito entre 1944-1958 y publicado póstumamente en 1960.

y simbólicos, un sociolecto intelectual[12], etc., pero también ciertas preocupaciones que, en tanto sigue avanzando su trayectoria, al contrario de disolverse se intensifican. En este sentido, la crítica hecha por y para América Latina se constituye a partir de su 'doble estatuto socio-cultural'[13] y, así como lo reconociera posteriormente en los setenta Antonio Cornejo Polar para la creación literaria, también la crítica se desarrollará en la permanente tensión generada por el debate entre el deseo de autonomía y la ineludible dependencia del saber y la lengua extranjeras. De esta manera, en la trayectoria de esta crítica 'crítica' tiende a aparecer la pregunta sobre qué es y qué define aquello que hemos llamado 'lo latinoamericano': ¿no era acaso el mismo hecho de 'hacer' crítica (y ejercer la escritura en cierta lengua) una práctica impostada y foránea?, ¿cómo escribir 'en latinoamericano' o 'lo latinoamericano' y cómo construir un aparato analítico que diera cuenta de una escritura 'diversa'?, ¿cómo pensar 'lo propio' cuando las herramientas para pensarlo vinculan el proceso y el producto de esa reflexión a la metrópolis?, ¿era posible adherirse a un destino universal sin exponerse a la pérdida de esa 'identidad propia'? El trayecto desde el XIX hasta nuestros días ha estado intervenido por esta tensión.

Ya en el escenario de la segunda mitad del siglo XX, condicionado por el nuevo orden que establece el término de la Segunda Guerra Mundial y la segunda ola de modernización e industrialización que se desarrolla en los países de América Latina, el campo intelectual y cultural experimentará varios procesos que redireccionarán la trayectoria de la crítica en general. Un fenómeno esencial para esta transformación y la consolidación del campo intelectual —y por extensión la crítica y los

12. Aquí nos referimos al germen de la comunidad intelectual que describimos y analizamos en el primer capítulo de este trabajo una de cuyas esenciales características, según Gouldner, era compartir un lenguaje particular que le daba forma y organizaba como colectividad lingüística.

13. Esta idea del doble estatuto socio-cultural se vuelve también muy productiva a la hora de explicar la paradoja de la crítica, del crítico y de la producción simbólica y cultural en general de los países que han experimentado y experimentan relaciones de colonialidad. En los tres primeros capítulos de este trabajo se ha discutido esta categoría planteada por el ex rector de San Marcos para describir la producción literaria del Perú y de América Latina. Cornejo Polar (2013).

estudios literarios propiamente tales— será el proceso de especialización que este sufre. Desde los años cincuenta aproximadamente, en América Latina la especialización de los saberes, derivada de la profesionalización que suscita el desarrollo del capitalismo (creación de mercados del saber y de su circulación), es un fenómeno que describe la compartimentalización en áreas específicas del conocimiento las reflexiones que antes fueron aglutinadas y asociadas en lo que se conoce como el 'pensamiento latinoamericano' y que a través de la tradición ensayística se había hecho cargo de las preguntas acerca de la producción simbólico-cultural particular en la región. En el ámbito estricto de los estudios literarios, esta especialización, dispuesta por los requerimientos de pensamiento cientificista que había hegemonizado en la primera parte del siglo XX[14], pretende demarcar la especificidad del análisis literario y ratificar su posibilidad de constituirse como una disciplina plena y autónoma que acota su objeto de estudio, establece los métodos para su examen y dispone el vocabulario para llevar a cabo su praxis.

En un principio, sin embargo, este proceso de la conformación de 'campo' y la definición de una disciplina específica mantendrá en suspenso la exigencia dispuesta por el impulso descolonial que reivindica una independización metodológica del centro epistemológico metropolitano. Como vimos en el diagnóstico crítico que realizan incluso veinte años más tarde Antonio Cornejo Polar y Ángel Rama —entre otros—, el campo de la crítica y los estudios literarios, una vez desde su conformación como tal, se verá más bien tentado a escoger y utilizar las propuestas teóricas desarrolladas en los centros metropolitanos del conocimiento. Las posiciones más conservadoras de ese nuevo campo ya delimitado elegirán los supuestos que ponen en el centro el biografismo decimonónico y, en pos de la fidelidad al fenómeno estético y la autonomía del objeto literario, los innovadores escogerán las propuestas de corte inmanentista del formalismo y la estilística de principios del siglo XX.

Uno de los más recientes momentos en que se reactiva potentemente el 'impulso descolonial' comienza a cimentarse desde mediados

14. Específicamente el casamiento entre la lingüística estructural (Saussure) y los estudios literarios estructuralistas y formalistas.

de los años cincuenta, cuando los 'movimientos de liberación nacional' en África y el sudeste asiático desafían la sujeción colonial de los imperios modernos (Francia, Inglaterra, Portugal e Italia)[15]. Estos procesos no harán otra cosa que visibilizar y estimular la arremetida de una conciencia y unos procesos emancipadores que, en el caso de América, se habían ya comenzado a enfrentar al dominio estadounidense que desde fines del XIX avanzaba sin tregua hacia el sur. El suceso que coronará esta ola descolonizadora (y antiimperialista) en América Latina, que hemos revisado en el primer capítulo de este trabajo, será, por supuesto, la Revolución Cubana de 1959.

En consonancia con las exigencias del proyecto cultural de la Revolución, el discurso crítico incorporará importantes inflexiones y retos a las preguntas sobre 'lo original', la categoría de 'lo latinoamericano', sobre la relación de la creación artística con los centros de saber metropolitanos y la necesidad de construir andamiajes teóricos apropiados para la exégesis tanto de las obras 'nacionales' singulares como de las concebidas dentro de lo que se configuró como América Latina. Sin embargo, paralelamente, el desafío impuesto por el cotejado proceso de especialización del campo abrió las puertas a lo que, según Cornejo Polar, significó una "acelerada y algo caótica modernización [de] su arsenal teórico-metodológico". Y, a pesar de los intensos esfuerzos —más discursivos que concretos— por lograr una independencia teórica, el sentimiento de univocidad (de la izquierda), de gran comunidad internacional, acogió lo que para algunos puede ser considerado como una "forma sutil de neocolonialismo" (Moraña 2011: XIV)[16]: la penetración al campo del "círculo virtuoso de la

15. Estos movimientos comenzarían con la liberación de la India en 1947 y seguirían con Indonesia (1949), Libia (1951), Egipto (1952), Camboya y Laos (1953), Vietnam (1954) (los tres países bajo el dominio francés agrupados en Indochina) y Marruecos y Túnez en 1956.

16. Mabel Moraña se refiere a este fenómeno en su "Prólogo" a *Escribir en el aire* como un proceso de neocolonización epistemológica subalternizante que transformará desde ese momento en adelante la lógica de los estudios de la literatura y la cultura latinoamericanas, y frente a la cual Cornejo Polar propone una alternativa. Véase Moraña (2003: xiv).

ideología francesa"[17]. El testimonio de Beatriz Sarlo rememorando los años de sus juveniles comienzos universitarios es elocuente:

> En efecto, las perspectivas estructuralistas (que hoy parecen remotas pero que a mediados de los años sesenta se apoyaban en el prestigio de Barthes y el imperio de un Lévi-Strauss leído en clave de análisis estructural del relatos) se combinaron con el marxismo althusseriano en un producto que, desde París, fue presentado como socio-crítica [...] Atrapados en la "conexión francesa", casi nadie se atrevía a contradecir la creencia de que el sujeto había muerto; finalmente, la teoría estaba en condiciones de denunciarlo como la más vil de las construcciones de la ideología burguesa. [...] una lectura reduccionista de Foucault, que el mismo Foucault hacía posible, conquistó las instituciones universitarias incólumes a la ironía inscripta en esa conquista (Sarlo 2002: 366).

Sin embargo, a inicios de los setenta, la nueva disputa por la hegemonía discursiva provocada por la aporía descolonial no llega a llevarse a cabo. Las dictaduras cívico-militares del Cono Sur, con sus armas materiales y simbólicas, suspenden la posibilidad de que dentro del agitado campo cultural en el espacio físico de América Latina tuviese lugar un nuevo evento de desacuerdo. Su gramática monológica barre con el emergente y acalorado diálogo que se incrustaba dentro de la comunidad intelectual socavando sobre todo los mecanismos de comunicación y reunión. Se desmembra con ello el colectivo regional, disgregando a sus participantes, exiliándolos, asesinándolos, persiguiéndolos, interviniendo instituciones académicas, destruyendo sus libros, impidiendo publicaciones, silenciando la voz enunciativa y, sobre todo, desprestigiando las estrategias de representación política. Efectivamente, el golpe de las dictaduras interrumpió momentáneamente el proceso en marcha de una reorganización indispensable del discurso de la 'tradición crítica' dentro del campo intelectual latinoamericano *en* América Latina, y permitió que en los centros institucionales del saber, ubicados en los sitios neurálgicos donde se ejecutó la política del silenciamiento, la facción universalista, que se apropiaba de un falso concepto de libertad auspiciado por la germinal fantasmagoría

17. Esta caracterización de la hegemonía de la teoría francesa dentro del campo de los estudios literarios en la capital argentina es recuperada por Sarlo de los dichos de Carlos Altamirano. Véase Sarlo (2002: 366).

de la globalización, retomara el monopolio de la crítica y los estudios literarios.

En este escenario, la mecánica del desmantelamiento y el control, bajo su lógica paradójicamente aislacionista e internacionalista, fomentó el reposicionamiento y consolidación del discurso universalista que, arraigado a las líneas de estudio inmanestistas, se hacía útil para estimular una conciencia globalizante que desproblematizaba y despolitizaba el estudio de los fenómenos culturales y literarios. Por otro lado, la imposibilidad de referirse franca y abiertamente a lo local y al estado actual de la producción literaria y cultural, favoreció la incorporación paulatina al campo disgregado de la narrativa de la fragmentación y permitió el ingreso de las nuevas perspectivas teóricas *ad hoc*, como el postestructuralismo, la deconstrucción y el posmodernismo.

Paralelamente, fuera de los territorios intervenidos, un frente de resistencia habría comenzado a desafiar la operación de borramiento de la comunidad intelectual regional. Muchos de los intelectuales que habían formado parte del proyecto de los sesenta y otros que se fueron adhiriendo más tarde, persistieron porfiadamente, y a pesar del peligro y las restricciones que imponía el contexto de la persecución, en la idea de que América Latina debía mirarse con sus propios ojos y leerse a sí misma. Como hemos planteado y argumentado a lo largo de esta investigación, los intelectuales se propusieron retomar sus redes de comunicación y contactos y establecieron núcleos de reencuentro en las diversas ciudades y regiones en las que les recibieron en el exilio. Lograron así en ciertos casos sobreponerse a las barreras de circulación impuestas por los efectivos de 'inteligencia' que actuaban en sus países de origen. Debido precisamente a la imposibilidad de la presencia material para el diálogo, las revistas volvieron a desempeñar un papel fundamental aproximando a las voces de la disidencia[18]. Fuera del

18. Muchos fueron los casos de publicaciones hechas en el extranjero durante los periodos de las dictaduras cívico-militares. Entre ellas la de análisis político, militante y testimonial sumaron una gran cantidad. Por ejemplo, en Chile, algunas de las publicaciones culturales dedicadas al examen de la producción artística fuera de los límites de los países sitiados fueron la *Revista Araucaria*, que apareció por primera vez en París en 1978 y que estuvo a cargo de Volodia Teitelboim. También la revista literaria *Literatura Chilena en el Exilio,* publicada en 1977 (Los Ángeles,

territorio, en el exilio, este fenómeno tendrá a lo menos dos modos de funcionamiento: el de la insistencia en la política militante y del endurecimiento de las posiciones que concebían el fenómeno cultural como una plataforma testimonial y de propaganda antifascista y, por otro lado, el del indiscutible intercambio de saberes y la incorporación a las reflexiones de las novedades teóricas de los centros metropolitanos que habían acogido a esos intelectuales.

Es en este contexto en el que comienzan a pensarse, publicarse en revistas y leerse en conferencias, los artículos que ya en 1982 compondrán *Transculturación Narrativa en América Latina* y *Sobre literatura y crítica latinoamericanas*. Como ya explicamos, estos textos como gestos representativos de rearticulación del campo, se constituyeron como un primer indicio de una nueva fórmula para reconstruir una comunidad avasallada.

Sin embargo, el impulso descolonizador no aparece sino adosado a su propia contradicción y en el caso de nuestros autores esta comienza a manifestarse al poco de haber publicado sus textos programáticos. En lo que sigue de sus trayectorias, específicamente en los libros que escriben a posteriori, Rama y Cornejo profundizan en esa preocupación por aquel 'lugar de enunciación' que desea evadir la matriz del conocimiento (neo)colonial, pero al mismo tiempo exponen de manera concreta su propia interpretación de este acecho de la 'aporía'.

En tanto herederos del discurso crítico latinoamericano, Ángel Rama primero y luego Cornejo Polar pronosticarán y reflexionarán ellos mismos acerca de las contradicciones de su práctica y de sus propuestas teóricas. Evidentemente, Ángel Rama tendrá menos

---

California, Madrid) y dirigida por Fernando Alegría y el poeta David Valjalo. En este contexto, tanto Ángel Rama como Antonio Cornejo Polar formarán parte de la reconstrucción del campo a través del gesto revisteril. Como ya hemos señalado, suspendido el primer número justamente por el golpe en Chile, *RCLL* ve la luz en 1974 para acercar a través de sus páginas, por ejemplo, a uno de sus fundadores, Nelson Osorio, exiliado en Caracas. Rama, por su parte, junto a María Fernanda Palacios y Rafael Di Prisco fundan en 1976 la revista literaria *Escritura*, "destinada exclusivamente a estudios de teoría y crítica literaria, tanto sobre temas nacionales como sobre autores y obras internacionales" (Rama 2008: 125). Para el caso de Chile, véase <http://www.abacq.net/imagineria/revistas.htm>.

oportunidad para ahondar en ello; sin embargo, ya desde los setenta[19] podemos advertir que venía ensayando una lectura acerca de la posición problemática del sujeto letrado. Antonio Cornejo, por su parte, desde fines de los ochenta también comenzará un itinerario de la autocrítica y será ya en su *Escribir en el aire* de 1994 donde organice definitivamente sus conclusiones.

El proyecto inacabado de *La ciudad letrada*

En *La ciudad letrada* ([1984] 2004) Rama organizará una historia crítica de la labor del intelectual latinoamericano precisamente examinando y cuestionando la relación problemática que este ha mantenido con el poder, haciendo eco de su propia experiencia de desencanto frente a las reales posibilidades de intervención y acción emancipadora de este sujeto en el que Rama parece alguna vez creído y defendido. Cuestiona el lugar de enunciación que el intelectual ha promovido, el rol que ha desempeñado esa voz enunciativa en el territorio que define América Latina y, de paso, revisa su propia participación en este terreno. ¿Quiénes han sido los que han autorizado la voz del (neo) imperio?, ¿en qué campo se ha librado la batalla de la dependencia y la emancipación?, ¿bajo qué lógicas epistemológicas, prácticas institucionales, discursos simbólicos se ha perpetuado la dominación?, y ¿cuál es el papel fundamental de los intelectuales en este proceso? El intelectual (ordenador, escriturario, modernizador, político y revolucionario) construye 'desde arriba' un sujeto popular que es necesario organizar, informar, educar

19. En las anotaciones que Rama hace en su *Diario* e incluso en el mismo *Transculturación narrativa*, se hace visible que desde la década del setenta estaba pensando y delineando reflexiones sobre lo que definitivamente cuajará en *La ciudad letrada*. En esta autobiografía escribe varias entradas en las que no solo comenta anécdotas y situaciones en las que se abre un cuestionamiento al lugar del intelectual (sobre todo a su versión del intelectual orgánico o, como dice él, 'funcionario' de la Revolución), sino también explicita que se encuentra escribiendo algunos ensayos en los que se anuncian la estructura y los contenidos críticos del texto. En el libro del 82 hace referencias precisas donde se advierte su reflexión posterior. Véase Rama (2004: 64-65).

y también concientizar. Aparece la figura del letrado como el centro dirigente de un quehacer pedagógico, como dispositivo de la desbarbarización y contención popular y, por lo tanto, operador primordial para la edificación, difusión y, en definitiva, la reproducción del poder civilizador occidental.

En este sentido, a través del rastreo de la trayectoria histórica de la figura y la labor del intelectual, Ángel Rama, en definitiva, analizará lo que hasta ahora nosotros hemos llamado 'la aporía descolonial' actualizada en el dilema alojado en la propia condición eminente e inevitablemente escrituraria del letrado. Para Rama, la escritura es el dispositivo esencial del poder para ejercer su dominio. La escritura ordena, fija y controla que su voluntad se cumpla y, aun cuando en ocasiones permita intentos de disidencia, en la medida en que estos son producidos por ella, inmediatamente se transforman en agentes operadores de sus mecanismos de control. En este sentido, el intelectual obtiene su autonomía en tanto ejercita la escritura, pero, al mismo tiempo, es ese mismo ejercicio el que lo atrapa y pone al servicio de aquello de lo que pretendía emanciparse. Esa contradicción que des-cubre Rama es una constante y, como lo muestra en el libro, se repite infaliblemente durante la historia de América Latina. Aun cuando esta avanza, sus actores cambian y se reemplazan y las condiciones socio-culturales, políticas y económicas se modifican, la aporía permanece como una condena impuesta por el poder que no da tregua.

Los rumores de la preocupación por la cuestión de los intelectuales comienzan a sentirse y manifestarse en sus textos de los años setenta. Ya en varios artículos de *Transculturación narrativa*, Ángel Rama comienza a diseñar lo que será el esquema organizativo de los períodos que constituyen esa 'ciudad letrada' cuyo terreno fecundo será la urbe en la que los procesos modernizadores y de negociación intercultural serán liderados por aquellos que a través de la práctica de la letra establecerán las marcas del poder. En la colección de ensayos publicados en el 82, además de establecer las bases de una cronología[20] del proceso

20. La demarcación concreta de los periodos históricos de la 'ciudad letrada' en el libro es bastante laxa y flexible, puesto que el autor prefiere enfocarse en el flujo y cruce de fenómenos citadinos-culturales que determinan su desarrollo, más que en las

de intervención de los intelectuales en la constitución de la sociedad latinoamericana, escoge y define inicialmente las que serán las matrices conceptuales sobre las cuales elabora su argumento pocos años después. En este sentido, el papel que ejercen las categorías de modernización y transculturación[21] serán fundamentales para comprender la forma en que el crítico organiza y explica esa trayectoria. Sin embargo, en este momento de su reflexión dos elementos incorporarán un giro en el foco de su lectura. El primero, definirá la perspectiva desde la cual Rama analizará el proceso de configuración de la 'ciudad letrada', que se encuentra influida por el pensamiento de Michel Foucault[22]. Nos referimos a la centralidad que alcanza el estudio del 'poder' y de los modos en que este opera y determina la formación y desarrollo del sistema político y sociocultural.

Por otro lado, el segundo elemento que estructurará su reflexión será el territorio que escoge para realizar su estudio, puesto que si bien en *Transculturación narrativa* se propone examinar con empeño los

fechas específicas en que cada uno de sus procesos se constituyen. De esta forma, si bien podemos determinar que en el capítulo "La ciudad modernizada" Rama se concentra en el proceso modernizador de fines del siglo XIX, en ese mismo apartado examinará cómo la modernidad en general afecta al desarrollo de la élite intelectual en América Latina.

21. Si bien en el texto de 1984 la palabra 'transculturación' está prácticamente ausente, este término recorre lateralmente sus páginas. Esto porque implícitamente se despliega cada vez que Rama se refiere a los procesos de modernización en la ciudad y cada vez que explica las tentativas de insurrección de grupos letrados 'nuevos' que intentan arrebatar el poder a las castas letradas tradicionales. Véase Rama (2004: 116).

22. Santiago Castro-Gómez escribe un interesantísimo artículo donde analiza precisamente la vertebral repercusión de las ideas de Michel Foucault en *La ciudad letrada*, específicamente, de *Las palabras y las cosas* (1966). Para Castro-Gómez, la importancia del libro póstumo del uruguayo radica en que este puede ser leído como una ontología del presente, puesto que intenta responder a la pregunta de "¿quiénes somos en este preciso instante de la historia?" (2006: 123). En este sentido, Rama se habría propuesto construir una arqueología del pasado para explicar su coyuntura, y este sería el gesto clave que lo uniera a la empresa de Foucault. Otro texto que se concentra en el carácter generalizador y a veces arbitrario del uso de esta herramienta en *La ciudad letrada* será "Los dos pisos de una casa que en realidad tiene tres: la teoría crítica de Ángel Rama", capítulo VI de Grínor Rojo (2012).

espacios culturales de las zonas andinas, en este caso, desplazará su mirada hacia los centros urbanos como territorios paradigmáticos en los que se despliegan con fuerza inusitada las relaciones de poder y dominación. De esta manera, en el texto de 1984, Rama establece un juego de analogías que comandarán su línea argumentativa y actualizan este nuevo marco analítico. Para él, 'espacio' y 'poder', entonces, se traducen en ciudad/letrada, puesto que entiende 'la letra' como la manifestación material y simbólica de la dominación y la urbe como el terreno natural para el ejercicio de ella. Al mismo tiempo, opone a esa estructura la de la ciudad/real, que será aquella a la que la escritura es incapaz de traducir e intenta permanentemente domar, moldear, ordenar y dominar. En este sentido, la contradicción del intelectual que Rama detecta una y otra vez a lo largo de la historia se halla inscrita en su ambigua y problemática capacidad de 'ubicarse'. Teniendo las posibilidades y herramientas de localizarse fuera del poder o en el entre-medio de esa 'ciudad letrada'/poder y de la 'ciudad real'/pueblo, el intelectual ha escogido permanentemente posicionarse de lado del poder y acomodarse bajo su alero. Esta es precisamente la dinámica que ausculta Rama en su libro de 1984 y, aun cuando reconoce que en determinados momentos de su trayecto el intelectual ensayó darle la espalda a ese poder instigado por 'el impulso descolonial', los resultados de esos intentos o proyectos habrían sido insuficientes.

Un elemento importante para construir en el texto la figura contradictoria del intelectual y, particularmente, la del intelectual latinoamericano, es mostrarlo en su proceso de constitución y desarrollo histórico. Rama configura el esquema de la trayectoria de la ciudad/intelectual como una estructura compuesta por tres bloques. El primero constituido por la 'ciudad ordenada' y la 'letrada', que históricamente comprenden el periodo anterior al (des)encuentro colonial, la etapa de ese (des)encuentro propiamente tal, el de la 'conquista' y el de la colonia. El segundo bloque estaría compuesto por las ciudades escriturarias y modernizadas, que abarcarían desde el momento de las independencias hasta fines del siglo XIX. Finalmente, el bloque formado por la ciudad politizada y la revolucionaria, que corresponde al periodo de las primeras tres décadas del siglo XX. En cada una de estas secciones, Rama devela los continuos procesos de elaboración y reelaboración de la 'ciudad letrada' y sus habitantes, así como también exhibe y analiza el núcleo de la figura del intelectual/dirigente que emerge en cada uno de ellos.

En el primer bloque, Rama reconoce el momento de apresto, ajuste inicial, acomodo e institucionalización de la nueva comunidad intelectual. La ciudad ordenada se fija con anterioridad a la llegada de los españoles y se inicia con el 'pensar' desde el afuera la ciudad que se quiere edificar. En este nuevo territorio, espacio de la futuridad y laboratorio del absolutismo barroco y capitalista, su labor será imaginar, proyectar pero también trazar un 'orden' (ordenanzas, escrituras territoriales y mapas). Este hecho es crucial, puesto que, sobre su base, se concibe el núcleo de la inevitable sujeción letrada del poder: la posibilidad de crear un mundo totalmente nuevo (a partir del influjo del idealismo abstracto que privilegiaba el significado sobre el significante) se establece a partir de un profundo abismo entre esa ciudad presa del impulso ordenador de la letra y la ciudad real (popular y oral) que pujaba por mantener su propia diferencia.

Rama comprenderá al intelectual, en primer lugar, como un dispositivo clave y activo que dirige y construye el proceso de formación sociohistórico, cultural, político y económico de América Latina. Un sujeto que desde el inicio se halla tensado por una doble dimensión: ser el constructor de un mundo soñado en un nuevo espacio y, a la vez, como un reproductor de las relaciones de poder y jerarquías que define una episteme metropolitana nueva. El intelectual 'funcionario', cuya dicotomía interna se ve representada y sintetizada en la de la ciudad que construye estaría capacitado para dirigir el proceso de lucha para establecer el dominio del rey en la nueva tierra indómita y se convertirá prontamente en la garantía del éxito del proceso de colonización.

Luego de este primer momento de formación de la 'ciudad letrada' y de su dicotomía 'genética' que obedeció a ese proceso apriorístico de imaginación (en el que las palabras comienzan a alejarse de las cosas[23]),

23. Es interesante apuntar que, como anotamos antes, la influencia de Foucault (*Las palabras y las cosas*, 1966) está siempre patente en la perspectiva que utiliza Rama para explicar el fenómeno de configuración de los mecanismos de poder que conocen y utilizan los letrados/intelectuales. Esta influencia será cardinal en el análisis y configurará también parte fundamental de su argumento más bien escéptico y, por qué no, pesimista respecto de la autonomía del intelectual.

se constituye el de una ordenación simbólica. Rama explicará que este es un período decisivo, más rotundo y profundo, puesto que en él se configura el grupo letrado y/o intelectual como tal, cuya anatomía original permanecerá más bien intacta a lo largo de la historia. En este periodo, caracterizado por la formación de los aparatos administrativos, eclesiásticos y educativos, se construirá el discurso que guiará la intervención e ideologización cultural. La 'ciudad letrada' permitirá y asegurará la consolidación y perpetuidad del poder metropolitano en las colonias, se transformará en su anillo protector y en la ejecutora de su orden real y simbólico. Para Rama, una de las operaciones[24] que les permitirá a los letrados fortalecer los cimientos de esta ciudad, preferentemente en los reductos urbanos, será la de su 'institucionalización'. Este fenómeno implica la paulatina cohesión del 'grupo' que irá logrando autonomía y conformar así un circuito cerrado dentro de la sociedad. Al estar en contacto directo con el principio institucionalizador que caracteriza a cualquier poder, el intelectual se encuentra en una situación ventajosa, ya que será quien mejor conoce y maneja los mecanismos de su funcionamiento, sabe que puede modificar los mensajes y el discurso simbólico que lo sostienen sin que esto altere su privilegiada posición dentro del sistema.

Desde esta perspectiva, la 'ciudad letrada', más que una simple ejecutora de planes de otros, es dueña del poder simbólico y sus medios de difusión, y por ello llega a ser indispensable: cumple un papel fundamental en el desarrollo de los movimientos históricos que afectan y vinculan al pueblo y al poder; es la encargada de sacar de la barbarie a un pueblo analfabeto; quien maneja los instrumentos de comunicación que permiten la circulación del saber y la ideologización; forma a la clase dirigente; produce y promueve políticas estatales, etc. Pero lo más importante, y lo que —según Rama— le permite efectuar todo lo anterior, es que el intelectual letrado es el dueño y único ejercitante de la letra.

24. Para Rama, cuatro serán las operaciones que signan el proceso de institucionalización de la ciudad letrada: la configuración de una inmensa administración colonial, la evangelización, que corresponde a un proceso en el que se evidencia la transculturación (2004: 59), la ideologización de las 'muchedumbres' y, por último, la formación de la élite intelectual dirigente que, en principio, será integrada por los escasos viajeros alfabetizados y, por supuesto, los letrados.

En el segundo bloque del sistema de Rama, se llevarán a cabo dos procesos fundamentales para el desarrollo de la 'ciudad letrada', estos son los de su independencia de la metrópolis y su modernización. Ambos procesos, según el crítico, provocarán la emergencia de los primeros intentos de subversión respecto al poder que ya se habría consolidado en su primer periodo; sin embargo, también dejarán al descubierto la imposibilidad de acometerlos.

En el apartado "La ciudad escrituraria", Rama detecta la nueva variante en la paradoja que constituye la fisonomía del intelectual. Esta depende de que sea 'la escritura' el arma del sujeto letrado. El intelectual tiene la misión de ordenar a través de la escritura, de establecer las jerarquías sociales y la legalidad y, como consecuencia de ello, fijar y trasmitir el orden del modelo metropolitano. Precisamente es en este momento, en el que la escritura se consolida como el instrumento de negociación y ejercicio del poder, en el que Rama descubre y analiza los primeros síntomas y gestos de subversión frente a la hegemonía de la 'ciudad letrada'. Evidentemente, el primer acto frontal de sublevación son los procesos de emancipación independentistas liderados por los criollos, los cuales, sin embargo, Rama solo reconoce como intentos de intercambio o canje del poder que permitirían la permanencia y reproducción del orden jerárquico establecido en la conquista y la colonia.

No obstante, el crítico explora también otras fórmulas alternativas de resistencia que incluso se enfrentan a las de aquellos que defendieron la emancipación. Se trataría de un frente cuya producción simbólico-cultural tendrá como objetivo la consideración y reivindicación de la 'realidad' (ciudad real) que estaba siendo negada por la letra. Aun cuando Ángel Rama advierte y analiza la posibilidad de transgresión que generan esos frentes, también reconoce en esos actos de subversión, la contradicción. Si bien estos experimentos de desafío al poder son significativos y efectivamente producen cambios en la configuración de la 'ciudad letrada', tienden a convertirse en batallas fracasadas. En primer lugar porque, según él, será la misma 'ciudad letrada' la que se encargue de desactivar y neutralizar todo intento de amenaza o subversión, ya sea desacreditando y demonizando esas alternativas (por ejemplo, en el caso del grafiti, barbarizando la práctica) o, definitivamente, integrándolas e institucionalizándolas[25]. El argumento más contundente para corroborar la inviabilidad de la subversión es que todas estas manifestaciones de resistencia se sustentan en su cualidad 'escrituraria' (son fijadas por la letra), por lo tanto, se hallarán atadas de nuevo, sin más remedio, al poder, pues todo acto de rebeldía significará la reafirmación de su dominio vía la escritura:

> Todo intento de rebatir, desafiar o vencer la imposición de la escritura, pasa obligadamente por ella. Podría decirse que *la escritura concluye absorbiendo toda libertad humana*, porque solo en su campo se tiende la batalla de los nuevos sectores que disputan posiciones de poder (2004: 82; las cursivas son mías).

Como anotamos algunas páginas atrás, del mismo modo en que en *Transculturación narrativa* la modernización ejercía un rol fundamental en los procesos de conformación y consolidación de las sociedades y las culturas en América Latina[26], en *La ciudad letrada* también esta tendrá un papel cardinal para explicar el desarrollo de la trayectoria del intelectual. En el tercer capítulo del libro, "La ciudad modernizada", Rama explica que ya el primer proceso de modernización experimentado en la última década del siglo XIX determinará grandes cambios en la configuración del campo, puesto que su dinámica económica

---

25. En este caso nos parece ver funcionando subrepticiamente el planteamiento de Foucault sobre los 'mecanismos de control del discurso'. Este, vigilante observador en el panóptico, reconoce la anomalía que constituye un peligro para su dominación y la incorpora, la traga, la integra a su propio catálogo de comportamientos, logrando así absorber y neutralizar su potencia transgresora y preservar el orden que sostiene su sistema.

26. De todos modos, hay que recordar que, aunque en el libro de 1982, Rama plantee la intención de hacerse cargo de la descripción de la transculturación en América Latina, concretamente, se enfoca más bien en el análisis de los procesos en la zona andina, específicamente en Perú. Pareciera que con *La ciudad letrada* se abriera otra oportunidad para realizar este proyecto de amplio análisis regional. Si bien en términos generales el libro realiza ese ejercicio, el texto demuestra que es imposible evitar la necesidad de particularizar e individualizar las experiencias. Vemos, por ejemplo, la predilección de Rama por el caso mexicano. Por otro lado, se puede presentir la fuerte influencia que ejercen sobre su análisis los casos del Río de la Plata, que generarán un modelo bastante particular de comprender los procesos de la 'ciudad letrada'.

permitirá el ingreso de nuevos sujetos provenientes de las capas sociales en ascenso cuya iniciativa crítica se alimentaría de la demandas de los estratos populares urbanos y rurales. Este fenómeno habría permitido la emergencia del 'pensamiento crítico', que nuevamente provocaría la desestabilización de la hegemonía de la clase letrada dominante. La 'autonomía relativa' que aseguraba este nuevo frente de insurrección liderado por los 'representantes' de la ciudad real, sin embargo, se vería nuevamente contenida por la escritura a través de la institucionalización estética (literaria) de la diferencia o de esa ciudad real. Según Rama, la literatura, como constructora de "mundos vicarios" y modelos simbólico-culturales, neutralizará el potencial subversivo de lo marginado homogeneizando, higienizando e inmovilizando en un cuadro de costumbres de esa realidad 'real'.

Finalmente, en el tercer bloque de este sistema que hemos organizado, Rama considera otro factor que modificará profundamente la estructura de la élite letrada, la democratización de la práctica política. En los capítulos "La polis se politiza" y "La ciudad revolucionada", el crítico vuelve sobre el análisis de la contradicción del letrado/intelectual/escritor, pero esta vez en un contexto en el que la irrupción de lo 'social' y el protagonismo de la cultura popular masiva urbana fijan particularmente las formas en las que este comprende y asume su tarea. Al mismo tiempo, la particular penetración al campo de nuevas doctrinas filosóficas, políticas y económicas importadas desde los centros metropolitanos europeos determinará un cambio en el desempeño del sujeto intelectual que, según Rama, ahora privilegiará su función ideológica. El letrado se verá exigido a sumergirse en los avatares de la 'ciudad real' adoptando una posición más activa e incluso militante. Tanto los funcionarios (intelectuales orgánicos) de la ciudad como los afiliados al 'pensamiento crítico' se desplazarán desde cenáculo al 'partido' transformándose indistintamente en correligionarios que defienden y protegen o impugnan y objetan la hegemonía de la 'ciudad letrada'. Estos últimos, asumiendo la representación reivindicativa de las clases populares desplazadas, configurarán un frente de resistencia y cuestionamiento que se difundirá preferentemente a través del periodismo[27] y de los nuevos espacios de circulación masiva abiertos por el mercado[28].

En consecuencia con la lógica que rige su argumento, Rama vuelve a exponer la contradicción incrustada en este nuevo intento de desafiar la 'ciudad letrada'. Observa que, a pesar de los sustanciales embates que propina el 'pensamiento crítico', la ciudad no solo continúa existiendo, sino que sigue más viva y fuerte que nunca. El universalismo/internacionalismo que guiaba la perspectiva crítica (y que mantiene sujeta su objeción a la norma extranjera), su radical condena de la modernidad que paradójicamente había contribuido a su propia emergencia y la eterna brecha entre 'realidad' y 'letra' que no consigue estrecharse le parecen a Rama razones suficientes para detectar su doble militancia y decretar el fracaso de la batalla por la emancipación. Por otro lado, para el uruguayo es fundamental aclarar que el desafío a la hegemonía emerge del deseo de los disidentes de obtener el poder y beneficiarse de sus privilegios[29]. En definitiva, se trataría nuevamente del reemplazo de los miembros, pero no del funcionamiento jerárquico de la máquina del poder. Este fragmento es elocuente y expresa una cruda sentencia a la labor intelectual:

---

27. Es interesante que Rama, formado originariamente como periodista, descubra en el ejercicio de esta profesión esencialmente moderna un espacio real de resistencia frente a la aristocrática 'ciudad letrada'. Ya sea en el proto-periodismo gacetil y folletinesco, o en los periódicos y revistas que desde fines del XIX se consolidan y aumentan extraordinariamente. Aun cuando el crítico también cuestiona la autonomía de esta práctica en tanto producto de la escritura (instrumento letrado sujeto al 'poder'), nos parece significativo, al menos, que no extienda su crítica al análisis de líneas editoriales o que no reconozca en el periodismo una fuerte y eficiente herramienta de ideologización (el cuarto poder).
28. Para Rama, modernización, democratización y mercado parece ser la tríada infalible que explica una posibilidad de disputar el poder a la ciudad letrada. Por ejemplo, para el uruguayo habría sido la acción del mercado literario la que habría permitido que por primera vez el público y el escritor se pusieran en contacto "sin que esa comunicación fuera orientada y condicionada desde el poder, sean quienes fueran los que lo ocupaban" (2004: 184).
29. Como vimos en capítulos anteriores el antecedente de esta propuesta se halla en la crítica al mesticismo indigenista del Perú.

> Un pensamiento crítico se genera forzosamente dentro de las circunstancias a las que se opone, las que son sus componentes subrepticios y poderosos y al que impregnan por el mismo régimen opositivo que emplea. Las propuestas más antitéticas, lo son de los principios que sustentan el estado de cosas contra el cual se formula. Aun las utopías que es capaz de concebir funcionan como polos positivos marcados por aquellos negativos preexistentes, de tal modo que en la doctrina nueva que se construye todo el sistema bipolar se prolonga. Más aún si se razona que el pensamiento crítico surge del estado anterior de las cosas (2004: 154).

Esta lectura, que cuestiona la base del movimiento dialéctico de la historia y el supuesto de que ella genera su 'progreso', determinará su perspectiva crítica, y por qué no pesimista, acerca de cómo el intelectual participa y a la vez (re)produce ese proceso de configuración de una sociedad traicionada por sus propios líderes.

Desafortunadamente, Ángel Rama no puede cumplir del todo con la promesa de convertir la trayectoria de su análisis en el estudio sobre su presente, en 'historia familiar' ni en 'biografía'. El texto de *La ciudad letrada* con el que hoy contamos solo extiende su examen hasta las primeras tres décadas del siglo xx y si bien se asoma escrupulosamente al momento histórico que gatilla la Revolución Cubana no logra transformar concretamente la propia experiencia vital en objeto de estudio. Sin embargo, en el recorrido de su escritura podemos escuchar, casi como un susurro las quejas, intuiciones e inquietudes, que funcionaron como fuente y estímulo en la construcción de la desesperanzada perspectiva de Rama sobre el intelectual.

Para Rama, el intelectual de la 'ciudad letrada', el que emerge incluso antes del (des)encuentro colonial, ese que luchó la batalla concreta y simbólica de la emancipación, incluso aquel que venido de las capas medias desafía el estado de las cosas, ese intelectual y todos los anteriores, no son más que los vencidos de un combate que, por paradójico, es inexpugnable. Y lo más grave para él es que, aun siendo derrotados, no son los mártires de esa fuerza que les gana la guerra, más bien al contrario, se convierten en colaboradores predilectos y las más de las veces en cómplices irrestrictos de ella. Para Rama el 'funcionario' termina siendo un parásito del poder

(Fernández Retamar) y el idealista 'crítico', un resentido que lo desea profundamente (Mariátegui)[30].

Así, la escritura, el ar(l)ma por antonomasia del intelectual y la naturaleza ambiciosa de este no dejarán espacio para que el pensamiento crítico goce de autonomía. La independencia absoluta es imposible y mientras más se la busque, más expuesto se queda el letrado a caer en la trampa (aporía) de transformarse en el enemigo.

No obstante, en medio de esos susurros de desencanto emerge un tenue acto de fe que si, no consideráramos, supondría perder de vista un elemento clave y primordial en la lectura que propone Rama sobre el letrado y la experiencia de esa 'aporía descolonial'. Y es que pensamos que, a pesar de esa inevitable y contundente (auto)crítica que elabora, el uruguayo parece no renunciar del todo al potencial disidente de la acción intelectual. Precisamente, en el segundo capítulo del libro, parece colarse sutilmente, entre los argumentos que sostienen su cuestionamiento a la 'ciudad letrada', una sentencia que exhibe el posible último recurso para escapar, o bien podríamos decir, 'superar' esta aporía. Escribe Rama:

> [Los intelectuales] No solo sirven a un poder, sino que también son dueños del poder. Este incluso puede embriagarlos hasta hacerles perder de vista que su eficiencia,

30. Estas dos figuras que aparecen en la obra de Rama de alguna manera representan los dos tipos intelectuales que traza el crítico uruguayo a través de su revisión histórica de la ciudad letrada. La primera, la de Fernández Retamar, aparecerá mencionado en su *Diario* al menos un par de veces (reuniones por asuntos de la editorial Ayacucho, por ejemplo) en circunstancias en las que Rama critica ácidamente el rol del intelectual orgánico de la Revolución. A partir de una escena de encuentro, reflexiona sobre la contradicción que surge de esta figura que se vuelve un vigilante censurador y un fiscalizador del pensamiento, por lo tanto, en un defensor irrestricto de la ciudad letrada y de sus privilegios. Por otro lado, y como lo hemos mencionado varias veces en este trabajo, la figura de J. C. Mariátegui siempre incomodará al uruguayo, y le permitirá establecer el modelo del intelectual que cede frente al poder incluso cuando cree que lo está desafiando. Para Rama, Mariátegui y su generación habrían aprovechado las reivindicaciones de las clases inferiores para arrebatarle el poder a la oligarquía y aferrarse ellos a él. Se trata de una operación que describe reiterativamente en su libro y que consiste en el reemplazo de los miembros, pero no del funcionamiento jerárquico del poder.

> su realización, solo se alcanza si lo respalda, da fuerza e impone, el centro del poder real de la sociedad (2004: 63).

En estas líneas, creemos, se encuentra la médula de una reflexión crítica que no termina por concretarse. Revelándose sorpresivamente frente a la dinámica que denuncia durante el recorrido del libro, Rama admite a través de ellas la fuerza y potestad que posee el intelectual por sí mismo, pero también destaca claramente que su labor se vuelve avara e impotente si hace caso omiso del reclamo de la 'ciudad real'. Es necesario reconocer la relevancia que en este fragmento el crítico le atribuye a esa 'sociedad', aquella que identificaba en el texto con la 'otredad' obliterada, homogeneizada y sepultada por la 'letra'. Esa que, en definitiva según sus palabras, entrega su soberanía al intelectual —"lo respalda, da fuerza e impone"—. Sin embargo, la fórmula específica de cómo esto debiese llegar a ocurrir queda en suspenso. El proyecto inacabado de *La ciudad letrada* deberá entregarse, entonces, a los avatares de sus lecturas futuras.

Reinventarse escribiendo en el aire

En 1987, Antonio Cornejo Polar sale tempestuosamente de la rectoría de San Marcos con destino a los Estados Unidos. Elige el autoexilio y allí, lejos de su tierra, lejos de su natal Arequipa y de la convulsionada Lima, comienza su periplo de reflexión cuyo corolario es "Escribir en el aire" ([1994] 2011). El texto, considerado por Mabel Moraña como "uno de los hitos de la crítica literaria y cultural de América Latina" (2011: xiv), presenta un nuevo enfoque desde el cual comprender el problema de las culturas nacionales y regionales (andinas), pero también, como hemos anotado antes, exhibe ciertamente un proceso de autoevaluación de la propia trayectoria teórico-crítica. Con ello se configura el testimonio vital del desarrollo intelectual del profesor peruano; una bitácora del viaje aéreo de un sujeto que reconoce como fuente de su propia especificidad la conflictiva constitución de su lengua.

Los libros de Cornejo Polar que hemos estudiado no exhiben solamente la necesidad de encontrar una fórmula para definir, explicar, analizar e interpretar un objeto que está fuera de él, sino que también despliegan una historia sobre la búsqueda de sí mismo, del sentido y de la orientación de su práctica. Lo dejamos planteado al final del apartado sobre Arguedas: en la búsqueda de una voz para decir la diferencia, Antonio Cornejo escogía al escritor peruano como modelo (artista, pueblo, intelectual) y en ese gesto intentaba definirse y ubicar su labor. Ahora, en *Escribir en el aire*, cuestionando las certezas del yo moderno y la fantasmagórica objetividad que acechaba su análisis, el crítico ensaya instalarse un paso más afuera de los muros de la ciudad letrada para auscultarla. En el cierre de la "Introducción" de *Escribir en el aire* 'escuchamos' directamente de sus labios/pluma el acto de reconocerse sujeto/objeto de su propia búsqueda:

> Agradezco muy cordialmente la inapreciable ayuda que me brindaron los colegas y estudiantes de estas Universidades, y la que me ofrecieron otros compañeros a los que consulté sobre asuntos concretos (los menciono en el texto) y la que surgió de más de una decena de conversaciones con quienes participaron en conferencias, congresos y seminarios en los que traté, una y otra vez, un tema que no termina de concernirme visceralmente —quizás porque desde que el azar me puso por algunos años en el Primer Mundo lo mejor que he descubierto es que yo también soy irremediablemente (¿y felizmente?) un confuso y entreverado hombre heterogéneo (2011: 15-16).

De esta manera, entonces, el libro posee una doble faz: aquella en la que reexamina el proceso histórico de construcción de una identidad latinoamericana, lo evalúa y propone una nuevas formas para comprenderlo y, la otra cara, en la que describe la trayectoria misma del sujeto que lidera ese proceso; en otras palabras, la del intelectual latinoamericano y la suya propia.

Si bien a lo largo del desarrollo de todo el texto es posible distinguir esta transferencia entre la experiencia individual y la de los intelectuales como comunidad (campo), el lugar donde se materializa de manera más explícita y frontal es en esa "Introducción" del libro. Allí como es común en su escritura, Cornejo construye un retablo diagnóstico, una reflexión retrospectiva en la que revisa los últimos veinte años en los que el discurso crítico ha tratado de hacerse cargo del problema de la especificidad de la producción literaria y la cultura latinoamericanas.

En este sucinto pero contundente recorrido, Cornejo se hace objeto de su propio cuestionamiento y se incluye como un participante activo de un proyecto que considera problemático en el presente. Precisa que, en ese potente y arduo itinerario, la crítica se enfrentó a un conflicto extremadamente complejo de resolver. Se trata para nosotros de la 'aporía descolonial', de la contradicción inserta en la actividad misma de *pensar (se)* (en) la diferencia.

El mismo Cornejo avista y percibe lo que he denominado la 'aporía descolonial' en tanto su crítica se dirige a la episteme que construye su forma de conocer a partir de la noción moderna del sujeto unificado. Precisamente es esa construcción monolítica y monológica, que ha moldeado los marcos de inteligibilidad de la diferencia, la que justamente ha capturado a los intelectuales que, aun intentando desafiliarse del yugo colonial, lo sostienen y propagan a través de la reproducción de su sistema de lectura.

Para Cornejo, el principal problema para dar cuenta de la especificidad de lo latinoamericano no radica bajo ninguna circunstancia en la existencia de esta 'aporía', en la presencia de esta contradicción que en definitiva constituiría su configuración identitaria. Muy por el contrario, el obstáculo se hallaría en la necesidad irrestricta y obcecada de comprender y aprehender esa identidad cazándola con uno u otro de los términos del binomio. Y esto es importantísimo porque define el carácter de su crítica en los años noventa, pero también describe el atolladero del discurso crítico hasta nuestros días. Y es que el cuestionamiento que lúcidamente Cornejo bosqueja en *Escribir en el aire* no solo desafía al modelo epistemológico de la modernidad europea, sino también aquel que enfrentándosele dicotómicamente cree que lo ha superado: nos referimos evidentemente al pensamiento post. Cornejo es enfático en esto y sospecha profundamente de las 'nuevas' líneas teóricas que, intentando escapar de la unicidad del proyecto y la narrativa moderna, celebran su fragmentación total, en tanto considera que esta operación no solo significa una nueva homogeneización y totalización esencialista, sino un peligroso ejercicio de subalternización:

> [puesto que] nada es tan desdichado como el propósito de encajar —y a veces encajarnos a nosotros mismos— en los parámetros post mediante algo así como la

> estetización de un mundo de injusticias y miserias atroces. También es desdichado el esfuerzo por leer toda nuestra literatura, siempre y bajo el paradójico canon crítico de una crítica que no cree en los cánones (2011: 8).

Es por esto que, como un intelectual decididamente situado, habiendo realizado un exhaustivo examen de las posibilidades teóricas que su medio ponía a disposición, Cornejo efectúa una selección de ideas e instrumentos que le permitan construir un nuevo andamiaje para leer su singular y enrevesado objeto: la producción cultural y literaria latinoamericana, peruana y, más aún, andina. En la "Introducción" de *Escribir en el aire*, si bien se enfrenta a las líneas de pensamiento post[31], también admite —así como lo hiciera con el estructuralismo en *Literatura y crítica*— que estos enfoques han proporcionado a los estudios literarios productivas herramientas conceptuales y métodos para poder afrontar el análisis de la especificidad latinoamericana:

> [...] Temas definidamente post, como los de la crítica del sujeto, el replanteamiento escéptico sobre el orden y el sentido de la representación, la celebración de la espesa heterogeneidad del discurso o el radical descreimiento del valor y la legitimidad de los cánones para mencionar solo asuntos obvios, se encabalgan inevitablemente con la agenda que ya teníamos entre manos. [...] opto [por lo tanto]: 1) por reconocer que el postestructuralismo nos ha dotado de instrumentos críticos más finos e iluminadores [...] (2011: 8).

Pero es, en definitiva, en el desarrollo de los capítulos del texto en el que observaremos el despliegue de esa influencia y el rol fundamental que ella ejerce en la nueva propuesta del peruano. Precisamente, uno de los conceptos sobre el que, pensamos, las reflexiones de los nuevos enfoques (en este caso los estudios culturales) contribuyeron

31. Cornejo explicita que, con lo 'post', se está refiriendo al postestructuralismo, a los 'postmodernos' metropolitanos y a la 'condición postmoderna' y considera que esta última es "expresión del capitalismo más avanzado, [que] parecería no tener mejor modelo histórico que el tullido y deforme subcapitalismo del Tercer Mundo" (2003: 8). También en el epílogo del texto, Cornejo hace referencia al Jacques Derrida de *De la gramatología*, apuntando que nunca ha comprendido del todo su 'raciocinio' y menos el que identifique el culto a la 'voz' con el logocentrismo (2003: 197).

transformando las bases de la investigación cornejiana es la noción de literatura. Como vimos, en el libro de 1982, la noción de literatura sobre la que actuaba el análisis del profesor peruano era fija y tenía como referente exclusivo la escritura. En el caso de su momento actual, esa noción aparece ampliada, puesto que en ella entrarán otro tipo de materiales, tecnologías lingüísticas y formas de representación —como el *wanka*— en los que predomina la voz (la oralidad), pero también el cuerpo, la comunicación paraverbal, las danzas y rituales (*performance*)[32] y hasta el testimonio. En este sentido, más bien integra la noción de 'texto' entendido como espacio lingüístico de la lucha discursiva por la hegemonía semántica (2011: 11). Inmediatamente, al costado de la noción extendida de literatura y de texto, encontramos la categoría de 'discurso' que proveniente de la evidente lectura de Foucault sostendrá el argumento de que la contradicción basal tanto de la identidad, como de los procesos de construcción histórica y cultural en América Latina y su zona andina del sur, se constituye a partir de la lucha de discursos que se disputan el dominio y el poder, pero que se complementan, solapan e intersectan configurando su condición heterogénea.

Paralelamente, a nivel metodológico, el análisis que realiza Cornejo a los largo del desarrollo de los tres capítulos exhibe con claridad las marcas de la influencia de los nuevos dispositivos teóricos que impregnan el campo de los estudios literarios: la del nuevo instrumental de lectura deconstructivista y la del nuevo y abundante arsenal de información ofrecido por las ciencias sociales y la filología respecto a

32. Respecto de la integración del texto performático hay que subrayar que Cornejo es cuidadoso con sus elecciones y establece límites explícitos respecto de los lindes de sus análisis. Si bien considera esos textos performáticos advierte que su intención no es analizarlos profundamente, pues no cuenta con las herramientas para hacerlo y también porque no es su propósito enfocarse en ellos como objeto de una teoría. Más bien los considera, puesto que en ellos es posible apreciar una actualización de su teoría del conflicto y la manifestación de una densidad histórica (un mapa arqueológico) promovida por la repetición permanente de la representación: "Sospecho que cada versión [de la representación del *wanka*] oculta una arqueología propia y distinta, como si acumulara internamente estratos formales y de significación que corresponden a sus confusos itinerarios de actualizaciones espaciotemporales, consistentemente cargadas de contenidos étnicos y sociales" (2011: 48).

los textos del momento del (des)encuentro colonial, la conquista y la colonia. En relación al efecto de las estrategias de análisis proporcionadas por la teoría de la deconstrucción, se puede afirmar que ellas se configuran como la base del examen que realiza Cornejo sobre ciertos textos que considera paradigmáticos de su teoría del conflicto. A través de los mecanismos de desestabilización retórica que obtiene de este 'modelo de lectura', el peruano intenta des-cubrir el velo tejido sobre la relación entre ciertas textualidades tradicionalmente pensadas como opuestas y, a partir del desmontaje de los razonamientos que han establecido las jerarquías de una sobre la otra, pretende exhibir su carácter contradictorio (se repelen y constituyen al mismo tiempo) como base para el fundamento de su especificidad. Así, por ejemplo, en el primer capítulo del libro, partiendo de la desarticulación de la dicotomía entre oralidad/escritura, Cornejo se sumerge en la historia de sus (des)encuentros y desestabiliza la aparente e impecable organicidad de la crónica (como género), pero también devela las contradicciones que surgen en las representaciones performáticas del *wanka*. Al mismo tiempo, revisa y cuestiona la supuesta coherencia de la ideología del mestizaje en la paradigmática obra del Inca Garcilaso exhibiendo los conflictos de su férrea lucha por construir una identidad a partir de esa pacificadora armonía que pretendió una unidad nacional a través de la homogeneización del lenguaje[33].

Todas estas son demostraciones de la operación deconstruccionista que en este ejercicio de descomposición y exhibición de los discursos pretende revelar que la base de la comprensión de la diferencia latinoamericana y andina se encuentra en el examen de la relación de los dos tipos de racionalidades que los han construido y del cómo en un proceso histórico determinado por su condición colonial ellos se han intersectado y contaminado recíprocamente para configurarse finalmente en una manifestación cultural en conflicto permanente.

33. En el segundo capítulo de *Escribir en el aire* Cornejo realiza un examen histórico de las fórmulas de esta homogeneización a través del análisis de los proyectos armonizadores de Palma y los efectos que este proyecto totalizador y modernizador introdujo a la institución literaria (en la novela fundamentalmente). Desde esta perspectiva examina entonces la producción de este tipo en las obras de León Mera, Matto de Turner y Aguirre.

Aun cuando hemos consignado que, en gran medida, *Escribir en el aire* puede ser concebido como un texto en el que su autor construye una (auto)crítica respecto de los análisis literarios y de las fórmulas en las que se ha pensado la especificidad de la identidad y la producción artística en el Perú, es necesario recalcar que ello no significa en modo alguno que Cornejo reniegue del pasado y de ciertas ideas y concepciones que orientaron su programa ya desde los años setenta. Tanto es así que cita y recurre en varias ocasiones a sus textos anteriores para confirmarlas[34]. En el capítulo "Piedra de sangre hirviendo: los múltiples retos de la modernización heterogénea", efectivamente recupera el esquema de organización que construyera en varios artículos de *Sobre literatura y crítica* y, dentro de él, vuelve a posicionar como figura imprescindible a José Carlos Mariátegui. En este contexto de su reflexión no solo integra su trabajo previo para explicar la importancia de su obra en el proceso de conformación de la literatura nacional como 'totalidad conflictiva', sino también para proyectar e introducir, en un nuevo y más acucioso análisis de sus propuestas, 'sus propias' pretensiones respecto del modelo historiográfico que desea aplicar a su investigación. Dice Cornejo respecto de la mirada de Mariátegui sobre la historia:

> [...] Mariátegui observa el curso de la historia como un proceso de conflictos imbricados en un devenir en el que cada momento tienen hegemonía ciertas alternativas, a la vez que, por debajo, surgen opciones subordinadas que pueden ser emergentes y alcanzar la hegemonía en un periodo posterior, en el cual —a su vez— lo previamente hegemónico puede subsistir residualmente durante un tiempo más o menos extenso (2011: 161).

---

34. Ejemplo de ello es que para exponer la problemática de la desestructuración de los procesos de homogeneización idiomática generados en el siglo XIX que implicaron un intento exitoso de unificación de la lengua y la cultura, e introducir el momento del inicio de la transgresión a principios del siglo XX liderado por las intervenciones del indigenismo y la vanguardia, Antonio Cornejo cita específicamente los textos que se hacían cargo de este proceso y que recopiló justamente en *Sobre literatura y crítica*.

En esta lectura williamsiana[35] de la perspectiva historiográfica de Mariátegui, Cornejo pretende, de alguna manera, exponer y explicar la suya propia, ya que ve en el trabajo del pensador peruano el germen del ejercicio que él quiere también realizar: uno que pone en el centro los 'procesos históricos' y que supone que la identidad y lo propio no se constituye como un 'ser', sino en 'un hacerse' a través de la historia (2011: 160).

En este sentido, dentro de los objetivos fundamentales de Cornejo en este periodo estará el de ratificar e insistir en que la literatura (y en particular aquellas de configuración plural y heteróclita) debe ser estudiada en su contexto, es decir, ser comprendida como el resultado del proceso completo de su producción en un momento histórico determinado que, lejos de constituirse como decurso lineal y totalizador, se estructura como un conjunto de "secuencias que, pese a su coetaneidad, corresponden a ritmos diversos" (2011: 11). Para Cornejo, cada momento histórico estaría compuesto por diversas —a lo menos dos— experiencias de la historia concebidas por dos racionalidades disímiles que expresan su desacuerdo a través de *discursos*, *sujetos* y *representaciones*. Esto obligaría al estudioso de la literatura a considerar no solo la producción escritural que parece haber ganado la hegemonía en un momento específico de la historia, sino trabajar sobre las relaciones y conflictos que aparecen en su compleja convivencia.

A partir, entonces, de las exigencias que impone esta comprensión de la historia y de la literatura, es que Cornejo determina que su metodología para enfrentar el desafío de dar cuenta de ellas será la de 'historizar la sincronía' (2011: 11). Esto significará seleccionar aquellos momentos históricos precisos en los que tiene lugar la convivencia —sincrónica— y enfrentamiento de discursividades contradictorias, reconocer en ellos los textos (espacios lingüísticos) que revelan ese desencuentro y exhibir, a partir del análisis de las ambigüedades y

35. Nos referimos a la influencia que en esta lectura se advierte del funcionamiento de las categorías de 'culturas dominantes', 'residuales' y 'emergentes' que utiliza el crítico inglés para describir las dinámicas históricas de negociación ideológica. Véase Williams (1961).

contradicciones de esos discursos incrustados en las textualidades, el funcionamiento conflictivo de la lucha por la hegemonía semántica.

Como vimos en el tercer capítulo de este trabajo en el exhaustivo estudio que llevó a cabo Cornejo Polar sobre la obra de José María Arguedas, uno de los elementos que más llamaba la atención del crítico y que consideraba con insistencia a la hora de explicar la relevancia de su proyecto, era el papel que desempeñaba la lengua en su escritura. Precisamente era la lengua, como práctica real y dispositivo de enunciación estética, donde se materializaba la lucha de dos cosmovisiones antagónicas: la occidental y la quechua. Este hallazgo que Cornejo detecta a través del análisis de los textos de Arguedas, y que en ese contexto (décadas de 1970 y 1980) aparece como una pieza más en el examen de su obra, comienza gradualmente a transformarse en un problema clave para sus posteriores reflexiones. Esto porque efectivamente será a casi veinte años de la publicación de los *Universos narrativos* y a diez de los artículos dedicados a la exploración de los escritos arguedianos[36] cuando Antonio Cornejo Polar escoge definitivamente la *lengua* (el lenguaje) como núcleo y eje articulador de una nueva reflexión acerca de la problemática de las culturas nacionales y regionales. Esta preocupación por la lengua que parece acechar el trabajo intelectual de Cornejo desde sus inicios proviene de la certeza de que ella se constituye como el terreno en el que se disputa la condición heterogénea de la identidad latinoamericana. La lengua —el lenguaje—, sería el espacio de conflicto por antonomasia y el texto (literario), la evidencia material de la posibilidad de pensar, ensayar y expresar la particularidad de una cultura inestable y pluriforme.

Desde esta perspectiva es que Antonio Cornejo articula *Escribir en el aire*, configurando un esquema tripartito en el que reconoce tres coyunturas históricas en las que el lenguaje funciona como articulador de una lucha discursiva. En la revisión diacrónica de los procesos históricos se detiene a examinar cómo ese lenguaje inscripto en los

36. Nos referimos a los textos que hemos analizado en este trabajo: "El indigenismo y las literaturas heterogéneas" (1977) y "La novela indigenista: una desgarrada conciencia de la historia" (1980), incluidos en *Sobre literatura y crítica latinoamericanas*.

discursos antagónicos se va configurando y a lo largo del trayecto de la formación nacional se configura como una construcción identitaria (un *sujeto*) con un correlato en la producción literaria y cultural (*representaciones*).

Así, entonces, el primer momento histórico de despliegue de la lucha discursiva tendrá como protagonista la oposición entre oralidad y escritura en la que será posible detectar el origen de la construcción de una identidad configurada a partir de un acto comunicativo de incomunicación[37]. En este caso, la conformación del sujeto es eminentemente doble, 'indio' o 'español', y las representaciones corresponden a las versiones antagónicas de esos *locus* de enunciación. En el segundo ciclo histórico, marcado por la escritura del Inca Garcilaso, Cornejo reconocerá que la nueva formulación identitaria será gobernada por 'las políticas del idioma'. Le interesa analizar en este contexto el reverso del proceso anterior —el de la heterogeneidad— en el discurso homogeneizador de la ideología del mestizaje que, con el afán de construir la *ficción fundacional*[38] de una identidad cerrada y unitaria, instala la segura armonía frente a lo "dispar, divergente y hasta enconadamente belicoso" (2011: 75). El sujeto modélico en este momento será el 'mestizo', que articula su doble ancestro en un sistema representacional coherente, pero siempre —recalcará Cornejo— inestable y precario. Finalmente, y en consonancia con la tesis desarrollada ya en sus textos de los años setenta y ochenta, Cornejo describe el tercer momento de construcción identitaria como uno que intenta emanciparse de la homogeneización anterior. Se trataría del ciclo de la modernización heterogénea[39], momento en el cual se ensayan nuevas fórmulas de integración de la diferencia (de la oralidad, por ejemplo) no sin resultados,

37. Véase el análisis de la crónica de Cajamarca, considerada por Cornejo como la escena que describe 'el grado cero' de la interacción que produce la literatura heterogénea y la configuración de una lengua y una identidad en conflicto permanente (2011: 17-74).

38. Hacemos referencia aquí a la idea de 'ficción fundacional' trabajada por Doris Sommer (2004) en el libro que lleva como título la categoría que en él se define y trabaja.

39. Lo que para Cornejo es en este libro la modernización heterogénea, en *Sobre literatura y crítica* era descrito como los diversos periodos del indigenismo peruano.

de nuevo, altamente contradictorios y conflictivos. En definitiva, en el desarrollo de los tres capítulos en los que se ocupa de cada ciclo, Cornejo explora la profundidad de un corpus que exhibe en forma paradigmática lo que ya a estas alturas reconoce como un proyecto en su médula aporístico: el proyecto letrado de la agencia y/o la representación.

Efectivamente, esta conclusión —que deliberadamente hemos puesto en boca del peruano— se hace patente en *Escribir en el aire* cuando ya en la última parte del tercer capítulo, "Las voces subterráneas", Cornejo Polar se instala en el centro ventoso, en el aquí y ahora, del presente de la (su) crítica. En un gesto políticamente arriesgado, decide hacerse parte de la coyuntura histórica de la práctica intelectual y cerrar su reflexión retomando los irritantes conflictos que plantea el volver a hablar sobre la oralidad ahora, eso sí, incrustada en un nuevo tipo genérico: el testimonio. Y es que Cornejo ve en la emergencia[40] de estas nuevas prácticas discursivas 'subalternas' y los desafíos que estas imponen la posibilidad de retomar su reflexión/búsqueda sobre el quehacer intelectual y sobre su propia labor. Y no solo porque ellas exhiben una nueva modulación del conflicto histórico de la posibilidad de 'decir' una identidad multiforme, sino porque representan una nueva variación quizás aún más compleja de la aporística posición del intelectual (agente) en América Latina. De esta manera, a partir del análisis de tres significativos pero distintos textos testimoniales[41], Cornejo decididamente pretende establecer los límites del accionar crítico, argumentando que si bien estos pueden ser reconocidos y examinados como *representaciones* modélicas de una subjetividad —sujeto—

---

40. En su doble acepción: brotar-emerger y suceso o accidente que sobreviene que requiere una acción inmediata.
41. Los tres textos testimoniales que analiza Cornejo son paradigmáticos: *Si me permiten hablar... Testimonio de Domitila una mujer de las minas de Bolivia*, *Gregorio Condori Mamani. Autobiografía* y *Nosotros los humanos/Ñuqanchik runakuna. Testimonio de los quechuas del siglo* XX, los dos últimos de los antropólogos Carmen Escalante y Ricardo Valderrama, y el primero de Moema Viezzer. Es interesante notar que Cornejo no integra el testimonio de Rigoberta Menchú y que con ese gesto no se involucra en las ácidas polémicas y reflexiones que este generó luego de su publicación en 1983.

propiamente andina, los discursos y mediaciones que hablan sobre/por ellos deberían soslayar la peligrosa esencialización de la nueva voz celebratoria de la 'diferencia'.

Justamente, es en esta toma de posición del intelectual Antonio Cornejo Polar donde aparece lo que antes fuera una intuición que se filtraba en sus textos escrupulosa y subrepticiamente y ahora se transforma definitivamente en una convicción que recorre las páginas de su escribir en el aire. Esta es que el texto crítico (latinoamericano), la escritura teórica y/o académica (en América Latina) comparte con su objeto de estudio la misma condición por la cual este se ha visto y se ve acechado en su historia: la condición esencialmente (y ¿felizmente?) heterogénea y contradictoria, y que es también para nosotros, la más evidente manifestación de la aporía descolonial.

Es tal vez esta certeza la razón por la cual la mirada y la pluma de Cornejo vuelven (una y otra vez) a posarse en la figura de José María Arguedas. Porque como dirá apasionadamente también al finalizar su libro este es un escritor andino que ha realizado una "auténtica hazaña discursiva" (2011: 183), del mismo modo que quizás él también piensa haber realizado en su *Escribir en el aire* un intento, su propio intento, por cierto conflictivo, de convivir (más que de superar) con la (propia) aporía.

Epílogo

> "Articular históricamente lo pasado no significa conocerlo tal y como verdaderamente ha sido. Significa adueñarse de un recuerdo tal y como relumbra en el instante de un peligro [...] El peligro amenaza tanto al patrimonio de la tradición como a los que lo reciben. En ambos casos es uno y el mismo: prestarse a ser instrumento de la clase dominante".
>
> BENJAMIN, *Tesis de filosofía de la historia*, (1973: 180)

Ya desde el cierre del primer capítulo de este trabajo dejamos expuesta nuestra inquietud respecto de cómo la 'aporía descolonial' había logrado permear las tentativas de descolonización de la crítica literaria y cómo *Sobre literatura y crítica* y *Transculturación narrativa*, como manifestaciones concretas de esa necesidad de autointerpretación, se transformaban en ejemplos paradigmáticos del dilema entre independencia y subordinación. En efecto, como lo hemos constatado en estas últimas páginas, esta 'aporía descolonial' que hemos definido y explicado, es un fenómeno que tanto Antonio Cornejo como Ángel Rama descubren, y no solo en la trayectoria del intelectual y de la crítica literaria en general, sino también en sus propios programas y en sus propios modelos. En sus últimas obras ambos reconocen ese dilema, tanto en sus intervenciones críticas de los años setenta y principios de los ochenta, como en el secular proceso de construcción de una identidad latinoamericana, en su producción cultural y en los sistemas que se han encargado de explicarla. Coincidentemente, ambos autores detectan la aporía incrustada en la oposición entre oralidad/escritura (o entre ciudad letrada/ciudad real) y, también, al mismo tiempo determinan que la lucha (resistencias) de una sobre la otra, sobre lo persistentemente silenciado u ordenado, se origina en el rol que ejerce 'el poder' en esta relación jerárquica.

Al hacer cada uno de los autores la revisión histórica de la 'aporía', del dilema de la crítica, del crítico y del intelectual, ambos inevitablemente sentirán la responsabilidad de tomar partido o de indicar, al menos, los caminos para evitar renunciar a ese impulso descolonial que, pensamos, se encontrará presente permanentemente en toda su trayectoria crítica. La necesidad de no ver ese deseo de independencia neutralizado, fosilizado o anestesiado, habría empujado a Cornejo Polar, por ejemplo, a volver a esgrimir la defensa de la 'heterogeneidad', eso sí esta vez, remarcando la idea de que esta no es lo 'otro', sino la resultante del conflicto inconciliable entre los desiguales. De todos modos es necesario recalcar que, efectivamente, sus ojos estarán más bien puestos sobre la 'oralidad' y los productos culturales conflictivos que de ella provienen (el *wanka*, el testimonio), pues Cornejo asume que históricamente ese 'otro' del binomio es lo que ha sido ignorado y borrado y es necesario rescatar.

A pesar de la sospecha y el desencanto que monopolizan el temple/actitud del último libro de Ángel Rama y que pareciera situar a la voz enunciativa en un territorio de aparente e imprecisa neutralidad e imparcialidad, como anotamos al final de nuestro análisis del texto, el autor no se queda sin tomar una posición. Esta se materializaría en la opción por la 'ciudad real' y aunque, ciertamente, no habría contado con la posibilidad de elaborar una reflexión más acabada sobre esa decisión teórica (ética), el solo hecho de haber sugerido su 'inclinación' y admitido en la práctica y en el discurso intencionadamente su predilección por un enfoque culturalista[1] exhibiría ese posicionamiento y la eventual perspectiva teórico-metodológica que asume.

---

1. Esta predilección culturalista, como lo notamos en capítulos anteriores de este trabajo, se advierte en la forma de trabajo y selección de materiales y perspectivas

Estas 'tomas de posición' que, como veremos un poco más adelante, tendrán repercusiones en el campo de los estudios latinoamericanos y latinoamericanistas, indicarán también una instalación 'política' respecto del papel que le tocaría desempeñar al intelectual (crítico), enfrentado a la dinámica aporística. Nos referimos al espinudo dispositivo de la representación (política). Pensamos que tanto Rama como Cornejo Polar no solo no renuncian a él, sino que a través de distintas operaciones, concluyen que este sería imprescindible.

Para Antonio Cornejo el dispositivo de la representación cumple un rol primordial en la conformación de una identidad heterogénea/conflictiva, puesto que sin la mediación que este supone solo habría 'escritura'. Siguiendo con el argumento que desarrolla en *Escribir en el aire*, esa escritura como discurso dominante que pretende su perpetuación usaría todos los mecanismos a su disposición para mantener su hegemonía[2], por lo tanto, sería necesario para la 'diferencia' o 'lo otro', la 'oralidad' desdeñada, que precisamente carece de esos mecanismos, asirse de aquellos que provee la escritura para entrar al campo de juego de la disputa por la hegemonía.

Desde esta perspectiva, la labor del crítico (letrado) corresponde con la de asumir la 'agencia' del otro, es decir, con el de ser ese operador que pone a disposición de las voces sin voz las herramientas para su visibilización, primero, y después, para su participación en la batalla. En este sentido, si ambos componentes del binomio se vuelven inteligibles puede efectivamente manifestarse y realizarse el conflicto que le interesa a Cornejo investigar. En el caso contrario, cuando el discurso sobre la 'oralidad' marginada parece volverse problemáticamente

---

en *Transculturación narrativa*. En *La ciudad letrada*, por su parte, Rama reafirma esa opción de nuevo evidentemente poniendo en el centro de su investigación la cultura y sus objetos simbólico-materiales, pero también expresando abiertamente su decisión teórico-metodológica: "Sobre todo porque la percepción culturalista que hasta aquí me ha guiado, al llegar a los suburbios del presente concede primacía a otro obligado componente de la cultura, que es la política" (2004: 132).

2. Un ejemplo de esto lo da el mismo Cornejo cuando explica al mestizaje como el discurso ideológico de la manutención y reproducción del poder de la escritura armonizadora y homogeneizante.

hegemónico[3], el crítico peruano también construye una respuesta: para él el representante no es el que selecciona el discurso o el producto cultural marginal o subalterno, dirime su autenticidad y lo 'deja hablar por sí mismo', sino aquel que se ocupará de formular y develar (a través de la letra) el conflicto que surge entre discursos coexistentes y procurará exhibir las mediaciones (escritura, literatura) y procesos que gestionan sus apariciones. El representante[4] que auspicia Cornejo, en definitiva, surge del modelo que le presenta Arguedas: un articulador heterogéneo/heterogeneizante que, como expusimos en el tercer capítulo, es "una bisagra de la puerta que permite los flujos" e intercambios entre oralidad y escritura, entre los mundos en conflicto. Cuando Cornejo, en la introducción de *Escribir en el aire*, se reconoce como un sujeto 'heterogéneo', entonces, no solo confirma su confianza en la representación y en la fórmula arguediana de ella, sino también en su propia labor como articulador.

En el caso de Rama, el problema de la representación se plantea de manera mucho más ambigua, pues el recorrido que realiza para exponer la trayectoria del letrado/intelectual se construye sobre la base de una crítica, justamente, a su atributo y habilidad representativos y al servicio que presta a través de ella al poder. Para el uruguayo, el intelectual letrado es por 'naturaleza' el representante del poder y, a través del ejercicio de la letra, lo materializa y reproduce. E incluso cuando ese sujeto pretende resistir el orden del poder para 'representar' a la

3. Para Cornejo la solución para poder sobreponerse a la dialéctica de las oposiciones no tiene que ver con el cambio radical en la balanza de la jerarquía, sino más bien en visibilizar el conflicto que surge de la lucha entre ambas. Así, para él, la solución de la identidad latinoamericana no tiene que ver con la hegemonía de la oralidad, con la esencialización del *wanka* o del testimonio. Queda registro de esa salvedad respecto al '*boom* de la periferia/diferencia' tanto en la introducción como en el tercer capítulo de *Escribir en el aire*.
4. Pero esta idea no es nueva tampoco en su trabajo. También la encontramos en *Sobre literatura y crítica* cuando Cornejo desafía el cuestionamiento de Rama sobre el indigenismo de Mariátegui y plantea que la acción 'representativa' del indigenismo socialista no solo no es ilegítima, sino que es necesaria, puesto que en esa capacidad de asumir los intereses y reivindicaciones del campesinado se haya precisamente la condición heterogénea del representador. Véase Cornejo (2013: 116).

ciudad real, lo haría únicamente porque desea representarse a sí mismo y obtener para él los privilegios que ese poder confiere.

Sin embargo, de nuevo nos topamos con la ya discutida cita en la que Rama deposita su confianza en esta figura, la misma a la que ha desacreditado bajo fuego cruzado. Queremos volver a reproducirla para tenerla a mano: "Su eficiencia [la del letrado], su realización, solo se alcanza si lo respalda, da fuerza e impone, *el centro del poder real de la sociedad*" (2004: 63). Es un poco confuso pensar, por ejemplo, en la fuerte crítica que elabora Rama en *Transculturación narrativa* contra el grupo indigenista peruano liderado por Mariátegui y confrontarla con este fragmento, puesto que en él el autor no precisa, necesariamente, una fórmula alternativa a la de la representación tradicional que es posible reconocer en la práctica de esa burguesía marxista de los años treinta. En la cita el uruguayo detecta tres acciones que manifiestan justamente el traspaso que realiza la 'sociedad real' de su poder (o soberanía) al sujeto letrado: 'la sociedad' respalda, entrega su fuerza e incluso ubica a ese sujeto en un lugar específico con el objetivo de que encarne e interprete a esa comunidad (sociedad/ciudad real) y sus demandas. Usando el mismo mecanismo descrito por Laclau[5] para dar cuenta de la operación de representación populista, Rama caracteriza el servicio que debe prestar idealmente (¿utópicamente?) el sujeto letrado a la ciudad real para terminar la relación de dominación que esta padece. En este sentido, lejos de desacreditar por completo los mecanismos tradicionales de representación, Rama, más bien, los legitima, eso sí, poniendo como condición una especie de compromiso con el poder popular (esta vez no deben embriagarse de poder, sino entregarse al mandato soberano).

Como se ha mencionado ya en un par de ocasiones en este trabajo, a mediados de los años sesenta, debido a las interacciones provocadas y sostenidas internacionalmente por el generalizado 'impulso descolonial'[6], se produjo una nueva apertura de las fronteras continentales y

5. Planteamiento y aparato teórico que describimos en el segundo capítulo de este trabajo.
6. Como hemos detallado, con los movimientos de liberación nacional, la recomposición de la izquierda y del marxismo y los apoyos internacionales ofrecidos al proyecto revolucionario en Cuba.

transatlánticas a las reflexiones filosóficas y teóricas las que pudieron entrar y circular de manera inusitadamente expedita. A pesar del hiato producido por los golpes de Estado y las dictaduras conosureñas, o quizás precisamente producto de la merma que generaron en los canales de comunicación intrarregional y el vacío discursivo que provocaron, se inició lo que hoy conocemos como el proceso lento pero sostenido de la globalización que aceleró la integración e instalación de las modas de lectura en la región[7]; una transnacionalización y/o arremetida neocolonizadora del pensamiento metropolitano[8].

Para John Beverley este tráfico y flujo de ideas sería "una proyección del protagonismo de la llamada generación de los setentas" (2002: 580). Desde su perspectiva habrían sido particularmente los estudios culturales los que habrían intervenido en una coyuntura convulsa y muy apropiadamente se habrían ajustado a las búsquedas de los intelectuales abrumados aún por el sabor a la derrota y la prohibición. Los estudios culturales, dice, habrían rescatado a la izquierda y a la crítica literaria de la confusión dotándolos de nuevas herramientas para enfrentar el contexto de lo que él reconoce como la postmodernidad y les habría permitido rearticularse políticamente en la era del capitalismo tardío. Para el crítico estadounidense, tres serían los aportes de este discurso/disciplina al campo. El primero habría sido el de poner a disposición del campo intelectual y académico un concepto ampliado de cultura (permitiéndole abandonar su perspectiva cultural

7. Nos referimos al proceso de globalización económica, comunicativa, y sobre todo 'cultural'. Esta última alude a cierta forma de intervención epistemológica. Véase Richard (2005: 186).
8. Incluimos 'transnacionalización' y 'neocolonización' puesto que el nombre que le demos al proceso dependerá de la perspectiva política con la que lo pensemos. Desde una perspectiva descolonialista, se sugeriría pensar el proceso como una nueva forma de colonización del pensamiento metropolitano sobre la periferia. Bajo la sospecha que a nosotros nos despiertan los conceptos de globalización, posmodernidad y transnacionalización que intentan homogeneizar los procesos económicos y socio-culturales a través de la mundialización de la experiencia del 'capitalismo tardío', no nos parece inadecuado pensar el ingreso de las nuevas fórmulas disciplinarias al espectro de los campos intelectuales/culturales de América Latina como una nueva forma de colonización o de imposición simbólica de los códigos epistémicos metropolitanos.

de la cultura)[9] e integrar definitivamente como categoría de estudio el de identidad. En segundo lugar ofrecería nuevas prácticas académicas trans e interdisciplinarias para aproximarse tanto los viejos objetos como los nuevos rescatados de la cultura de masas. Finalmente, al proponerse derribar las distinciones entre alta/baja cultura usadas por la academia burguesa y que exhibía el divorcio social entre subordinados y clases dominantes, los estudios culturales con su reivindicación de la cultura masiva permitirían la posibilidad de una 'agencia democrática' a partir de la cual esa alteridad marginada prescindiría de la representación política burguesa tradicional (de la ciudad letrada).

Aun cuando las afirmaciones de Beverley parezcan problemáticas, lo cierto es que varios de los aportes que él atribuye a la que, quizás en una lógica ramiana podría reconocerse como 'modernización'[10] suscitada por los estudios culturales, son ya reconocibles en varios de los artículos de *Transculturación narrativa*. El proyecto de Rama en ese texto expresa la primordial preocupación que asume el autor por incluir ese concepto 'más amplio' de cultura, así como también comienza a exhibir el uso de herramientas teóricas y metodológicas provenientes de las disciplinas de las ciencias sociales. En el caso del programa de Cornejo vemos algo muy similar, ya desde inicios de los setenta, respecto al uso de cierta forma de interdisciplinariedad, pero será sobre todo en *Escribir en el aire* donde el trabajo del peruano comienza a vincularse y ser vinculado a esas discusiones atribuidas

9. Para Beverley, en la crítica literaria en América Latina predominaría una noción de la cultura que vincula las prácticas simbólicas exclusivamente a las humanidades y al arte, la identificación de la cultura con "los suplementos de los diarios dominicales" (2002: 580).

10. Efectivamente lo que describe Beverley respecto al ingreso de los estudios culturales al campo de los estudios latinoamericanos y a la izquierda regional puede ser análogo al proceso de transculturación descrito por Rama en *Transculturación narrativa*. Para Beverley, en el contexto de la nueva mundialización del capital (y luego su fase tardía) y de un nuevo momento generado por las dictaduras y la desarticulación de la izquierda regional, se podría advertir la modernización y/o postmodernización que se lleva a cabo en el (des)encuentro de las formulas 'tradicionales' de lectura y análisis y aquellas novedosas que provenían desde el centro (post)modernizador.

a y monopolizadas por los estudios culturales[11]. Lo que me interesa destacar en estas últimas páginas tiene que ver precisamente con las resonancias y efectos de los trabajos de nuestros autores, pero también y muy especialmente con cierto fenómeno de apropiación que experimentan en el contexto de un cambio de paradigma epistémico al cual, si bien contribuyen, también y sobre todo en el caso del crítico peruano, pretenden discutir. Es importante remarcar que esto sucede justamente en un escenario en el que el arribo de la llamada postmodernidad es apenas cuestionado, en el que la fase del capitalismo tardío impone nuevas formas de asumir la práctica intelectual y en el que esa figura letrada que ellos conocieron y hasta el final consideraron su objeto de estudio se ha convertido en una pieza del juego total y paradójicamente prescindible e incluso nociva.

No parece un dato insignificante registrar que, cuando Beatriz Sarlo (2002: 366-372) , en su texto donde recuerda cómo Raymond Williams y los estudios culturales comenzaron a ingresar al campo intelectual porteño, enumera las figuras que considera como fundamentales en su formación, nombre casi un solo latinoamericano y este sea Ángel Rama (el otro es Antonio Cândido). Esto nos parece interesante puesto que puede ser leído como un indicio revelador para comprender la naturaleza de esa rearticulación del campo y de la izquierda de la que habla Beverley, evidentemente liderada por las líneas de pensamiento anglosajón que propiciarían distintas maneras de responder a una forma 'otra' de la especificidad de lo latinoamericano. Pero también nos parece relevante para pensar la forma en que el trabajo de nuestros autores es recibido y la manera en que estos intelectuales 'exiliados' comenzaron a 'volver' simbólicamente a sus patrias. Sería sesgado no reconocer que Rama 'regresa' al Cono Sur a través de su concepto de transculturación. De hecho, será esta categoría (junto con la de heterogeneidad y, más tarde, la de hibridez) la que tempranamente aterrizará

11. Efectivamente, a este respecto, en la Introducción a *Escribir en el aire*, Cornejo reconocerá que las reflexiones de estas nuevas disciplinas y sobre todo aquellas vinculadas al 'sentido de la representación' en su momento actual "se encabalgan inevitablemente con *la agenda que ya teníamos entre manos*" (2003: 8; las cursivas son mías), relativizando con esta declaración la condición pasiva que atribuye Beverley al campo de los estudios literarios y la crítica latinoamericana.

en territorio sureño provocando una amplísima discusión teórica. Sin embargo, debido justamente a la localización geográfica del crítico y a la luz de la fuerza y difusión que los estudios culturales estaban experimentando, las ideas desplegadas en *La ciudad letrada*, específicamente su crítica a la fórmula de representación política del intelectual, serán las que más se acomoden y engarcen con las discusiones que en ese territorio y contexto estaban teniendo lugar.

En este sentido, la reflexión de Rama estaría cumpliendo el rol de una especie de mediador generacional —entre epistemes— que, puesta en la coyuntura del aumento de la hegemonía del estudio de la cultura de masas y predominio del *boom* de lo popular-marginal, se convierte en un referente o fuente oportuna, altamente pertinente y eficaz. Y es que si obviamos —convenientemente— la cita que hemos analizado más atrás, en la que Rama reconoce a ese sujeto 'depositario' de la agencia de la otredad, al representante letrado que escucha a la 'ciudad real', nos quedamos con una versión de su proyecto que, por un lado, bajo la lógica del desencanto, consolida y refuerza la muerte del sujeto en todas sus variantes post, y por otro, celebra

> [...] la "diferencia latinoamericana", muchas veces emblematizada como representación de una otredad que el dispositivo metropolitano de codificación académica convierte en fetiche romántico-popular de su discurso sobre marginalidades y periferias culturales (Richard 2005: 9).

Si bien las dinámicas de recepción no difieren demasiado para el caso de Cornejo, si lo hacen, es debido a cuestiones temporales. Como es sabido, la cronología del proyecto del crítico peruano se desplaza al menos en diez años de la de Rama y si bien logran una significativa sincronía con la publicación de *Transculturación narrativa* y *Sobre literatura y crítica*, en lo que respecta a su posterior desarrollo se distancian de nuevo considerablemente. Es por ello que la repercusión que alcanza su colección de ensayos de 1982 es más inmediata y consistente en el campo intelectual y académico peruano, puesto que aun habiendo sido publicada por la Universidad Central de Caracas circula en el terreno de enunciación del crítico, que es también el lugar donde ejerce como profesor titular y como rector. Sin embargo, el momento en el que la categoría de heterogeneidad, así como la 'teoría del conflicto' y el concepto de migrancia adquieren mayor notoriedad, potencia y motivan mayor debate[12] es el de la publicación de *Escribir en el aire*.

Este hecho no es casual, puesto que se conecta con nuestra tesis de que en el contexto de la hegemonía de los estudios culturales y estando precisamente localizado como voz enunciativa en el centro de su influencia y difusión, naturalmente Estados Unidos, el proyecto de Cornejo se sostendrá en gran medida sobre el diálogo con las perspectivas teóricas de esta disciplina, pero también con todos aquellos con quienes sostiene abiertamente una discusión en su texto de 1994; nos referimos a las disciplinas vinculadas al postmodernismo, los estudios postcoloniales y subalternos. Pero *Escribir en el aire*, al mismo tiempo, también se convierte en tierra fértil donde, sobre todo aquellos a quienes el mismo Cornejo imputara la celebración de "un mundo de injusticias y miserias atroces" (2003: 8), pueden confirmar y legitimar la pertinencia de su defensa exotizante de la cultura de masas y lo popular. Esta especie de apropiación acomodaticia sucederá sobre todo porque la propuesta de la 'teoría del conflicto' efectivamente se convierte en una herramienta coherente y eficaz para comprender el problema de la 'diferencia' latinoamericana y para resolver aquello que como hemos visto se ha configurado como la pregunta por antonomasia de los estudiosos de la producción regional. El mismo Beverley usa el ejemplo de Cornejo para señalar el mejor camino que debiesen tomar los estudios culturales en la disyuntiva de la esencialización de la multiculturalidad:

12. Otro de los momentos en los que tanto la obra de Antonio Cornejo Polar como la de Ángel Rama son revisitadas, muy comentadas y revisadas es después de sus fallecimientos. Los homenajes a la trayectoria de los críticos es elocuente en este sentido. Es el caso del dossier publicado por CELACP y la Universidad de Berkeley en el 2000 y dos años después, la publicación de un importante volumen en el que se dan cita intelectuales del norte y del sur para analizar su obra. Nos referimos a la colección editada por Friedhem Schmidt-Welle (2002) en la Serie Críticas. Esta misma colección, de hecho, en 1997 ya habrá publicado el volumen dedicado a la obra y trayectoria de Ángel Rama, cuya editora a cargo será Mabel Moraña (2006). Para ser justos con nuestra tesis, no es una casualidad que estas compilaciones de artículos hayan sido pensadas desde Estados Unidos.

> Para este propósito que conlleva a mi ver la posibilidad de una rearticulación del proyecto de izquierda desde los estudios culturales, me parece más útil que el concepto de hibridez en García Canclini la idea de una "heterogeneidad no dialéctica" desarrollada por Antonio Cornejo Polar [...] La propuesta de Cornejo Polar sugiere la posibilidad de un nuevo discurso de lo nacional en relación a lo indígena o a otras posiciones de sujetos subalternos: pero no es un discurso de los muchos que devienen uno; más bien es un discurso del uno deviniendo en muchos (2002: 587).

Lo que desatiende Beverley al escoger la propuesta de Cornejo para removilizar las prácticas y estrategias discursivas (populistas) de los estudios culturales es, precisamente, que esa 'identidad descentrada' o las identidades marginadas no constituyen su ciudadanía o sus formas de participación en el aséptico laboratorio de la neutralidad política, económica y social, sino que son también (y quizás más que nunca) objeto y producto de la ideología y se encuentran determinadas y ligadas al poder, en este caso, del capitalismo (en cualquiera de sus versiones). Desestima con ello la idea de que si esa cultura de masas entrara a disputar la hegemonía discursiva no lo haría disfrutando de una autonomía plena, puesto que no es impermeable a los arbitrios del mercado y se constituye, justamente, a partir de los deseos creados por el consumo. En este sentido, si se confiase ciegamente en esa 'agencia democrática', la posibilidad cierta de desafiar las relaciones de dominación (transformación social) no se estaría entregando al poder, sino al neocapitalismo disfrazado en su fantasmagoría de la autonomía y la libertad.

De esta manera, el gesto de la toma de posición de Cornejo Polar es claro y crucial. El crítico no solo entrega su confianza en la representación política, sino que sospecha de lo que presentaría Beverley como la 'agencia democrática', puesto que cualquier forma de representación aunque fuese autogestionada estaría intermediada por 'un' poder[13]. Así, si el crítico estadounidense hubiese leído de esta forma la

13. El ejemplo de esta consideración, como vimos más atrás, se despliega en el tercer capítulo de *Escribir en el aire* dedicado al testimonio. Allí Cornejo deja claro que ese 'testimonio' siempre contará con una mediación, aunque sea de un perito traductor o de un sujeto 'experto' capaz de elegir y 'poner' en otro lado esa experiencia de marginalidad.

propuesta de Cornejo, lejos de haberla considerado como una salida plausible frente a la 'aporía descolonial', la hubiera reconocido como otra forma de modulación del neoconservadurismo crítico, una que revelaría, usando sus propias palabras, "un malestar ante la democracia y sus efectos"; una que se incomoda con "el desplazamiento de la tradicional autoridad hermenéutica de la "ciudad letrada" a la recepción popular" (2002: 505).

En esta nueva escena de conflicto, desde el mismo centro de los estudios culturales surgen alternativas frente al acecho de la inevitable 'aporía descolonial' y de la tensión que provoca respecto de la representación política. Nelly Richard construye una de ellas prescindiendo de la palabra que conecta la práctica intelectual a las lógicas académicas de la tradición burguesa occidental: 'estudios', proponiendo en cambio la 'crítica' cultural. Su objetivo es lograr que lo latinoamericano deje de ser una 'diferencia diferenciada' (representada o hablada por) para instalar la posibilidad de una "diferencia diferenciadora que tenga en sí misma la capacidad de modificar el sistema de codificación de las relaciones identidad-alteridad que busca seguir administrando el poder académico metropolitano" (2005: 191), y que pueda manifestarse 'teóricamente'. Sin embargo, es la misma Richard la que admite que ni los estudios culturales ni la crítica cultural podrían resolver estas tensiones o romper con los ordenamientos jerárquicos de ese 'hablar por'. En la medida en que 'esperamos' que esa 'diferencia diferenciadora' se manifieste 'teóricamente', esa misma expectativa nos instala de nuevo, entonces, como intérpretes, como los enunciadores y sistematizadores de esa 'otredad' inefable.

Si convenimos, en definitiva, en que la producción cultural (ampliada), la masiva/popular y la tradicional (culta) que se desarrolla en lo que todavía se reconoce como América Latina y la de aquellos productores que, aun no localizándose (material o simbólicamente) dentro de sus fronteras (materiales o simbólicas) también estiman que estas —fronteras— son parte de su textualidad/corporalidad, poseen rasgos singulares, creemos que deberían existir formas de lectura que efectivamente consideren esa particularidad, así como también la historia de una conflictividad que les es propia y constituye sus lenguajes. Para nosotros, 'estudiosos' de estas manifestaciones y lectores (privilegiados, especializados, pero también conflictuados) de sus tensos avatares, olvidarnos de ello sería restringir las posibilidades de su lectura. Sería volver a resbalar en el universalismo o el formalismo que homogeneiza la potente diversidad que construye y caracteriza esas producciones. Hacerlo también significaría confiar en que ellas poseen una irrestricta autonomía cuando bien sabemos que la lucha por el poder es irrenunciable: todo significante vacío/abierto es plausible a ser llenado y así lo exige. ¿Es preferible que lo llene el poder del mercado?

El ejercicio llevado a cabo a lo largo de estas páginas ha pretendido exhibir y rescatar los proyectos teóricos-éticos de dos críticos e intelectuales latinoamericanos que, además de pensar y analizar la trayectoria de la práctica crítica asediada por la tensión de su aporía, dan testimonio con su propia obra y escritura de los efectos y consecuencias de experimentar el 'impulso descolonial'. El objetivo de este trabajo ha sido no solamente relatar y examinar ese testimonio, sino también proponer que tanto los conceptos e ideas que desarrollan como las prácticas materiales que acompañan su reflexión teórica y su opción de confiar una vez más en la representación política pueden ser considerados como una pauta para la acción en el presente, presentar su trabajo como un material útil y necesario para pensar nuestra propia práctica y nuestras elecciones. Y esto, no como un gesto conmemorativo o un ejercicio de nostalgia, sino más bien como uno de reconsideración y revisibilización, puesto que hoy se vuelve necesario, por un lado, remediar y superar los desaciertos del pasado, pero también y sobre todo, evaluar los riesgos de cierto relativismo y escepticismo del presente.

En este sentido, Antonio Cornejo Polar y Ángel Rama realizan una contribución muy importante al pensamiento y la práctica crítica latinoamericana. Parece pertinente hacer este reconocimiento en un contexto en el que se presiente un pesimismo agudo respecto del trabajo del crítico y muchos predican con fuerza su inutilidad, la superflua e insignificante relevancia de su labor, reducida a la de un ratón de biblioteca que habla sobre aquello a lo que hoy 'se supone' todos tienen acceso (la literatura), pero que bajo el punto de vista popular, guiado por esos pesimistas, el crítico convierte en un saber incomprensible, técnicamente enrevesado y expresado en una lengua muerta. Rama y

Cornejo realizan un esfuerzo importante no solo para demostrar que la práctica crítica e intelectual debe acercarse al mundo, al mundo real, sino que es necesaria y relevante porque posee una fuerte potencia ética. Cornejo no cesa de decir en *Escribir en el aire* que la miseria y las injusticias provocadas por las condiciones de nuestra historia no pueden ni deben ser estetizadas ni exotizadas, pero tampoco ignoradas. Para mí, esta idea es clave y define, pienso, una forma de hacer crítica y de ser crítico.

Este esfuerzo por redefinir y resignificar la práctica crítica está inscrito en muchos ámbitos desde los cuales Ángel Rama y Antonio Cornejo Polar piensan que es necesario intervenir para la creación de un pensamiento crítico: como hemos visto en el transcurso de este trabajo, un primer y fundamental flanco de intervención es el teórico, es decir, desde la construcción misma de herramientas para leer la producción simbólica de la región. Pero también —y esto es muy relevante—, ellos contribuyen rescatando y a la vez fortaleciendo las *estrategias* a través de las cuales ese conocimiento teórico especializado puede y debe ser movilizado y distribuido. En este sentido, y a pesar de los obstáculos, Cornejo Polar y Rama intentan restituir, en un momento fatídico de la historia y en lo que sigue, la idea de la necesidad de una comunidad, de un nosotros, pero de un nosotros que, tratando de superar y mejorar la anatomía jerarquizada de las fórmulas homogeneizadoras probadas con anterioridad (los sesenta), contemple la mayor cantidad de formas y conflictos de ese colectivo. Parece de suma importancia a este respecto la preponderancia que ambos autores le atribuyen al trabajo pedagógico, puesto que es en la experiencia de aula y en el ejercicio de pensar cómo enseñar la literatura y la cultura donde se gesta la comunidad y donde surge el deseo y la necesidad de crear una fórmula para decir (nos). Finalmente, creo que es necesario destacar en ellos algo que por lo menos a mí me parece que hoy habría que evaluar: su cualidad de investigadores e intelectuales 'situados', que le otorgan al estudio de la historia y el contexto un lugar fundamental.

Repensar la historia, nuestra historia, no me parece un trabajo vano ni ocioso, al contario, creo que en ese esfuerzo reside la posibilidad de no volver a equivocarnos. Pienso que se hace necesario seguir recuperando, revisando y evaluando ese aporte porque, como proponía Benjamin, en el pasado se encuentran las huellas para pensar el presente y el futuro. Pero además porque si bien creo que no es prudente ni posible, bajo ninguna circunstancia, restituir el pasado tampoco es aceptable, como dice Beatriz Sarlo, resignarse y aceptar lo que 'aparece' como lo irremediable.

Bibliografía

Bibliografía básica

Arguedas, José María: *Señores e indios. Acerca de la cultura quechua*. Buenos Aires, Calicanto, 1976.

— *Los ríos profundos*. Madrid, Alianza, 1981.

— *El zorro de arriba y el zorro de abajo*, en: *Obras Completas* V. Lima, Horizonte, 1983.

— *Todas las sangres*, en *Obras Completas* IV. Lima, Horizonte, 1983.

— *Yawar fiesta*. Lima, Horizonte, 2007.

— "La novela y el problema de la expresión literaria en el Perú", en *La Biblioteca*, vol. dedicado a *La expresión americana*, Buenos Aires, nº 8, primavera, 2009, pp. 236-243.

Cornejo Polar, Antonio: "El comienzo de la heterogeneidad en las literaturas andinas: voz y letra en el 'diálogo' de Cajamarca", en *Revista de Crítica Literaria Latinoamericana*, Lima/Pittsburg, XVII, nº 33, 1991, pp. 155-207.

— *Los universos narrativos de José María Arguedas*. Lima, Editorial Horizonte, 1997 [2ª edición].

— "Mestizaje e hibridez. Los riesgos de las metáforas. Apuntes" en *Revista de Crítica Literaria Latinoamericana*, año 24, nº 27, 1998. pp. 7-11.

— "Para una teoría literaria hispanoamericana. A veinte años de un debate decisivo". *Revista de Crítica Literaria Latinoamericana*, año XXV, nº 50. Lima/Hanover, 2º Semestre, 1999; pp. 9-12.

— *Escribir en el aire. Ensayo sobre la heterogeneidad socio-cultural en las literaturas andinas*. Lima/Berkeley: CELACP/Latinoamericana Editores, 2003.

— *Sobre literatura y crítica latinoamericanas*. Lima/Berkeley: CELACP/Latinoamericana Editores, 2013 [Caracas: Universidad Central de Venezuela, 1982].

— "Una heterogeneidad no dialéctica: sujeto y discurso migrantes en el Perú moderno", en *Revista Iberoamericana* vol. LXII, nº 176-177, julio-diciembre, 1996, pp. 837-846.

RAMA, Ángel: "Diez problemas para el narrador latinoamericano", en *La novela hispanoamericana*. Selección, introducción y notas de J. Loveluck. Santiago de Chile, Editorial Universitaria, 1969.

— *La generación crítica 1939-1969*. Montevideo, Arca, 1972.

— "Prólogo", en *La novela en América Latina. Panoramas 1920-1980*. Bogotá, Procultura, 1982.

— (ed.): *Más allá del boom. Literatura y mercado*. Buenos Aires, Folios, 1984.

— *La ciudad letrada*. Santiago de Chile, Tajamar Editores, 2004.

— *Transculturación narrativa en América Latina*. México, Siglo XXI, 2004 [1ª. ed., 1982].

— *Diario 1974-1983*. Buenos Aires, Ediciones el Andariego, 2008.

ARCHIVO EPISTOLAR ENTRE ANTONIO CORNEJO POLAR Y ÁNGEL RAMA. CELACP. Lima, Perú. Bancroft Library.

Bibliografía citada

AGUIRRE, Carlos (ed.): *Militantes, intelectuales y revolucionarios. Ensayos sobre marxismo e izquierda en América Latina*. Raleigh, Editorial A Contracorriente, 2013.

ALBURQUERQUE, Germán: "La red de escritores latinoamericanos en los años sesenta", en *Universum*, Universidad de Talca, nº 15, 2000, pp. 337-350.

ALEGRÍA, Fernando/JITRIK, Noé/GUTIÉRREZ GIRARDOT, Rafael/RAMA, Ángel/TRABA, Marta: *Literatura y praxis en América Latina*. Caracas, Monte Ávila Editores, 1974.

ALTAMIRANO, Carlos: *Para un programa de historia intelectual y otros ensayos*. Buenos Aires, Siglo XXI, 2005.

ANDERSON, Benedict: *Comunidades imaginadas. Reflexiones sobre el origen y la difusión del nacionalismo*. México, Fondo de Cultura Económica, 2003.

BEASLEY-MURRAY, John: *Posthegemonía. Teoría política y América Latina*. Buenos Aires, Paidós, 2010.

Beverley, John: "Postscriptum", en *Nuevas perspectivas desde/sobre América Latina. El desafío de los Estudios Culturales*. Pittsburgh, Instituto Internacional de Literatura Iberoamericana, 2002, pp. 501-509.

— *Latinamericanism after 9/11*. Durham, Duke University Press, 2011.

Castro-Gómez, Santiago: "Los vecindarios de *La ciudad letrada*. Variaciones filosóficas sobre un tema de Ángel Rama", en Mabel Moraña (ed.), *Ángel Rama y los Estudios Latinoamericanos*. Pittsburgh, Instituto Internacional de Literatura Iberoamericana, 2006. pp. 123-133.

D'Allemand, Patricia: *Hacia una crítica cultural latinoamericana*. Lima/Berkeley, CELACP/Latinoamericana Editores, 2001.

Donoso, José: *Historia personal del boom*. Barcelona, Seix-Barral, 1983.

Fanon, Franz: *Piel negra, máscaras blancas*. Madrid, Akal, 2009.

Fernández Retamar, Roberto: "Caliban", en *Todo Caliban*. San Juan, Callejón, 2003, pp. 21-112.

García Bedoya, Carlos: "Introducción", en Antonio Cornejo Polar, *Sobre literatura y crítica latinoamericanas*. Lima/Berkeley, CELACP/Latinoamericana Editores, 2013, pp. 21-45.

Gilman, Claudia: *Entre la pluma y el fusil. Debates y dilemas del escritor revolucionario en América Latina*. Buenos Aires, Siglo XXI, 2003.

Goldmann, Lucien: *El hombre y lo absoluto*. Barcelona, Península, 1985.

Gouldner, Alvin: *El futuro de los intelectuales y el ascenso de la nueva clase*. Madrid, Alianza, 1985.

Halperin Donghi, Tulio: *Historia contemporánea de América Latina*. Madrid, Alianza, 2001.

Laclau, Ernesto: *On Populist Reason*. London, Verso, 2007.

Mariátegui, José Carlos: *Siete ensayos de interpretación de la realidad peruana*. Lima, Amauta, 1967.

Mignolo, Walter: *La idea de América Latina. La herida colonial y la opción decolonial*. Barcelona, Gedisa, 2007. [*The Idea of Latin America*. Malden, Blackwell, 2007].

Mondragón, Rafael: "Antonio Cornejo Polar en su 'edad de piedra': la construcción de un arte de la lectura (1963-1971)", en *Cuadernos Americanos*, vol. IV, nº 158, 2016, pp. 101-121.

Moraña, Mabel (ed.): *Nuevas perspectivas desde/sobre América Latina. El desafío de los Estudios Culturales*. Pittsburgh, Instituto Internacional de Literatura Iberoamericana, 2002.

— "Prólogo", en *Escribir en el aire. Ensayo sobre la heterogeneidad socio-cultural en las literaturas andinas*. Lima/Berkeley, CELACP/Latinoamericana Editores, 2003, p. xiv.

— (ed.): *Ángel Rama y los estudios latinoamericanos*. Pittsburg, Instituto Internacional de Literatura Iberoamericana, 2006.

— *Arguedas/Vargas Llosa. Dilemas y ensamblajes*. Madrid/Frankfurt, Iberoamericana/Vervuert, 2013.

MORGAN, Nick: "¿Olvidar el latinoamericanismo? John Beverley y la política de los Estudios Culturales Latinoamericanos", en *Cuadernos de Literatura*, vol. XVII, nº 34, julio-diciembre, 2013, pp. 18-45.

MÜNKLER, Marina: "Experiencing Strangeness: Monstrous Peoples on the Edge of the Earth as Depicted on Medieval Mappae Mundi", en *The Medieval History Journal*, vol. 5:2, 2002, pp. 195-222.

OSORIO, Nelson: "Estudios latinoamericanos y nueva dependencia cultural. Apuntes para una nueva discusión", en *RCLL*, Lima/Hanover, año XXXIII, nº 66, 2º semestre, 2007, pp. 251-278.

— "Prólogo", en *Sobre literatura y crítica Latinoamericanas*. Lima/Berkeley, CELACP/Latinoamericana Editores, 2013, pp. 9-20.

PERÚS, Françoise: "Antonio Cornejo Polar, una política de la lectura", en *Anuario del Colegio de Estudios Latinoamericanos*, México, 2007, pp. 99-107.

PEYROU, Rosario: "Prólogo", en Ángel Rama, *Diario 1974-1983*. Buenos Aires, El Andariego, 2008, pp. 7-38.

PISTACCHIO, Romina: "Abrazar la aporía descolonial. Trayecto y desafíos de los Estudios Latinoamericanos", en *Revista Demarcaciones*, nº 6, marzo, 2018.

PRATT, Mary Louise: *Ojos imperiales*. Ciudad de México, Fondo de Cultura Económica, 2010 [*Imperial Eyes. Travel Writing and Transculturation*. London, Routledge, 1992].

RICHARD, Nelly: "Globalización académica, estudios culturales y crítica latinoamericana", en Daniel Mato (comp. y ed.), *Cultura, política y sociedad. Perspectivas Latinoamericanas*. Buenos Aires, CLACSO, 2005, pp. 185-199.

— *Crítica de la memoria (1990-2010)*. Santiago de Chile, Ediciones Universidad Diego Portales, 2010.

RIVERA CUSICANQUI, Silvia: *Ch'ixinakax utxiwa: una reflexión sobre prácticas y discursos descolonizadores*. Buenos Aires, Tinta Limón, 2010.

RODRÍGUEZ MONEGAL, Emir: "Presentación", en *Mundo Nuevo*, nº 1, julio, 1966, p. 4.

ROJAS, Gonzalo: "Chile y América en los encuentros de escritores", en *Diez conferencias*. Santiago de Chile, Universidad de Concepción, 1963.

Rojo, Grínor: *De las más altas cumbres. Teoría crítica moderna (1876-2006)*. Santiago de Chile, LOM, 2012.

Sarlo, Beatriz: "Raymond Williams: una relectura", en *Nuevas perspectivas desde/sobre América Latina. El desafío de los Estudios Culturales*. Pittsburgh, Instituto Internacional de Literatura Iberoamericana, 2002, pp. 366-372.

Schmidt-Welle, Friedhem (ed.): *Antonio Cornejo Polar y los estudios latinoamericanos*. Pittsburg, Instituto Internacional de Literatura Iberoamericana/Universidad de Pittsburg, 2002.

Sobrevilla, David: "Transculturación y heterogeneidad: avatares de dos categorías literarias en América Latina", en *Revista de Crítica Literaria Latinoamericana*, año XXVII, nº 54, 2001, pp. 21-33.

Williams, Raymond: *The Long Revolution*. New York, Columbia University Press, 1961.

Revistas, audiovisuales, fondos digitales y entrevistas

Castro, Fidel: "Discurso de Clausura del Primer Congreso Nacional de Educación y Cultura. La Habana, 30 de abril de 1971 (año de la productividad y el esfuerzo final)", <http://www.cuba.cu/gobierno/discursos/1971/esp/f300471e.html>.

— "Discurso dado frente al Cementerio Colón el día 16 de abril de 1961 (justamente un día antes del desembarco en playa Girón)", <http://www.cuba.cu/gobierno/discursos/1961/esp/f160461e.html>.

— "Palabras a los intelectuales", <http://www.cuba.cu/gobierno/discursos/1961/esp/f300661e.html>.

Entrevista a la señora Cristina Soto. Material exclusivo para este trabajo.

Ponte, Antonio José: *Ideología y Revolución, una entrevista con los escritores cubanos y Huracán sobre el azúcar*. La Habana, Ediciones R, 1961, <http://www.letraslibres.com/revista/letrillas/sartre-y-cuba>.

Revista *Casa de las Américas*: La Habana, Casa de las Américas: [1965-1970]. NYU Bobst, Tammimenr/Wagner Archives.

Revista *Marcha*: Montevideo, Marcha: [1939-1974]. Biblioteca Nacional de Chile, Archivo de referencia.

Revista *Mundo Nuevo*: Paris, Instituto Latinoamericano de Relaciones Internacionales, [1966-1971]. NYU Bobst. MC.

Revista *Punto Final*: Santiago de Chile, Punto Final, [1967-1963]. BNC, Archivo de referencias/Colección Biblioteca José María Arguedas.

Szichman, Mario: "Entrevista a Ángel Rama. 'Espejo de escritores'", <http://www.youtube.com/watch?v=XmDCiJVEtcE>, Nueva York, 1983.

Bibliografía consultada

Adorno, Theodor/Horkheimer, Max: *Dialectic of the Enlightenment*. Stanford, Stanford University Press, 2003.

Althusser, Louis. *Essays on Ideology*. London, Verso, 1984.

Aricó, José: "La producción de un marxismo americano", en *Punto de Vista*, nº 25, diciembre, 1985.

Altamirano, Carlos (dir.): *Historia de los intelectuales I y II*. Buenos Aires, Katz, 2008.

Barthes, Roland: *Análisis estructural del relato*. Buenos Aires, Coyoacán, 1997.

Barnet, Miguel/Benedetti, Mario *et al.*: *Literatura y arte nuevo en Cuba*. Barcelona, LAIA, 1977.

Benda, Julien: *The Treason of the Intellectuals*. New York, Norton, 1969.

Benjamin, Walter: "Tesis de la filosofía de la historia", en *Discursos interrumpidos I*. Madrid, Taurus, 1973.

Beverley, John/Oviedo, José/Arona, Michael (eds.): *The Postmodernism Debate in Latin America*. Durham, Duke University Press, 1995.

Bórquez, Zeto/Rodríguez Arriagada, Marcelo (eds.): *Louis Althusser. Filiación y (re) comienzo*. Santiago de Chile, TEHA Universidad de Chile, 2010.

Bourdieu, Pierre: *Las reglas del arte. Génesis y estructura del campo literario*. Barcelona, Anagrama, 1995.

— *Campo de poder, campo intelectual. Itinerario de un concepto*, trad. Alberto de Escurrida, Ramiro Gual, Violeta Guyot, Jorge Dotti y Néstor García Canclini. Buenos Aires, Montressor, 2002.

Burgos, Elizabeth: *Me llamo Rigoberta Menchú y así me nació la conciencia*. Madrid, Siglo XXI, 1996.

Cardoso, Fernando Henrique/Faletto, Enzo: *Dependency and Development in Latin America*. Berkeley, University of California Press, 1978.

Castro Gómez, Santiago: *Crítica a la razón Latinoamericana*. Barcelona, Puvill, 2001.

Césaire, Aimé: "Carta a Maurice Thorez", en *Discurso sobre el colonialismo*. Madrid, Akal, 2006.

Cueva, Agustín: "Marxismo latinoamericano: historia y problemas actuales", en *Entre la ira y la esperanza y otros ensayos de crítica latinoamericana*. Bogotá, Siglo del Hombre/CLACSO, 2008.

D'Allemand, Patricia: *Hacia una crítica cultural latinoamericana*. Berkeley, Latinoamericana Editores, 2001.

Derrida, Jacques: *Writing and Difference*. Chicago, University of Chicago Press, 1978.

— *Specters of Marx: The State of the Debt, the Work of Mourning, and the New International*. New York, Routledge, 1994.

Dorfman, Ariel: "El Estado chileno actual y los intelectuales. Acercamiento preliminar a algunos problemas impostergables", en *Revista Araucaria de Chile*, Madrid, nº 10, 1980, pp. 35-50.

Franco, Jean: *Spanish American Literature*. London, Cambridge University Press, 1971.

— "Apuntes sobre la crítica feminista y la literatura hispanoamericana", en *Hispamérica*, año 15, nº 45, diciembre, 1986, pp. 31-43.

— *The Decline and Fall of the Lettered City. Latin America in the Cold War*. Cambridge, Harvard University Press, 2002.

Foucault, Michel: *The Politics of Truth*. Los Angeles, Semiotext(e), 2007.

— *La arqueología del saber*. Buenos Aires, Siglo XXI, 2008.

— *Las palabras y las cosas*. México, Siglo XXI, 2010.

Gálvez, José: *Posibilidades de una genuina literatura nacional*. Lima, Moral, 1915.

Gramsci, Antonio: *Los intelectuales y la organización de la cultura*. Buenos Aires, Nueva Visión, 2004.

Gugelberger, Georg (ed.): *The Real Thing. Testimonial Discourse and Latin America*. Durham, Duke University Press, 1996.

Henríquez Ureña, Pedro: *Obra crítica*. Ciudad de México, Fondo de Cultura Económica, 1960.

Hopenhayn, Martín: *Ni apocalípticos ni integrados. Aventuras de la modernidad en América Latina*. Ciudad de México, Fondo de Cultura Económica, 1994.

Jameson, Frederic: *Postmodernism or the Cultural Logic of the Late Capitalism*. Durham, Duke University Press, 1992

Laclau, Ernesto: *Emancipation(s)*. New York, Verso, 1996.

Lecuna, Vicente: *La ciudad letrada en el planeta electrónico. La situación actual del intelectual latinoamericano*. Madrid, Pliegos, 1999.

Lévi-Strauss, Claude: *Lo crudo y lo cocido, Mitológicas, vol. I.* Ciudad de México, Fondo de Cultura Económica, 1968.

Löwy, Michael: *El marxismo en América Latina.* Santiago de Chile, LOM, 2007.

Maldonado, Joaquín: *El intelectual y el sujeto testimonial en la literatura latinoamericana.* Madrid, Pliegos, 2008.

Masiello, Francine: *The Art of Transition. Latin American Culture and Neoliberal Crisis.* Durham, Duke University Press, 2001.

— "Discurso de mujeres, lenguaje del poder: reflexiones sobre la crítica feminista a mediados de la década del 80", en *Hispamérica,* año 15, nº 45, diciembre 1986, pp. 53-60.

Montaldo, Graciela: *Ficciones culturales y fábulas de identidad en América Latina.* Rosario, Beatriz Viterbo, 1999.

Moraña, Mabel: "El *boom* del subalterno", en *Revista de Crítica Cultural,* Santiago de Chile, nº 15, noviembre, 1997, pp. 48-53.

— (ed.): *Ángel Rama y los estudios latinoamericanos.* Pittsburg, Instituto Internacional de Literatura Iberoamericana/Universidad de Pittsburg, 2006.

More, Federico: "De un ensayo sobre las literaturas del Perú" en *Kosko,* I, 34. Cuzco, 1925.

Moreiras, Alberto: *Interpretación y diferencia.* Madrid, Visor, 1991.

— "Epistemología Tenue (sobre el latinoamericanismo)", en *Revista de Crítica Cultural,* Santiago de Chile, nº 10, mayo, 1995, pp. 48-54.

— *Tercer espacio: literatura y duelo en América Latina.* Santiago de Chile, LOM, 1999.

— *The Exhaustion of the Difference. The Politics of Latin American Cultural Studies.* Durham, Duke University Press, 2001.

— "Hegemonía y subalternidad", en Mabel Moraña (ed.), *Nuevas perspectivas desde/sobre América Latina. El desafío de los estudios culturales.* Pittsburgh, Instituto Internacional de Literatura Iberoamericana, 2002, pp. 157-171.

Nietzsche, Friedrich: *La genealogía de la moral.* Madrid, Alianza, 1998.

Ortiz, Fernando: *Contrapunto cubano del tabaco y el azúcar.* Caracas, Biblioteca Ayacucho, [1940] 1987.

Oyarzún, Pablo: *La desazón de lo moderno. Problemas de la modernidad.* Santiago de Chile, ARCIS/Cuarto Propio, 2001.

Palti, Elías: *El tiempo de la política. El siglo XIX reconsiderado.* Buenos Aires, Siglo XXI, 2007.

Picón Salas, Mariano: *De la conquista a la independencia. Tres siglos de historia cultural hispanoamericana.* México, Fondo de Cultura Económica, [1944] 1965.

Pistacchio, Romina: "Entrevista a Beatriz Sarlo", en *Una perspectiva para ver. El intelectual crítico de Beatriz Sarlo.* Buenos Aires, Corregidor, 2006.

Pizarro, Ana: *Pensamiento crítico y crítica de la cultura en Latinoamérica*. Alicante, Instituto de Cultura Juan Gil-Albert, 1990.

Pratt, Mary Louise: "Modernity and Periphery: Towards a Global and Relational Analysis", en Elisabeth Mudimbe-Boyi (ed.), *Beyond Dichotomies. Histories, Identities, Cultures and the Challenge of Globalization*. Albany, SUNY Press, 2003.

Rama, Ángel: *Rubén Darío y el modernismo*. Caracas, Alfadil, 1985.

— (ed.): *Más allá del* boom. *Literatura y mercado*. Buenos Aires, Folios Ediciones, 1984.

Reyes, Alfonso: *Obra completa*. México, Fondo de Cultura Económica, 1959.

Richard, Nelly: *Residuos y metáforas. (Ensayos de crítica cultural sobre el Chile de la transición)*. Santiago de Chile, Cuarto Propio, 1998.

— *La insubordinación de los signos (cambio político, transformaciones culturales y poéticas de la crisis)*. Santiago de Chile, Cuarto Propio, 2000.

— *Utopía(s) 1973-2003. Revisar el pasado, criticar el presente, imaginar el futuro*. Santiago de Chile, ARCIS, 2004.

— (ed.): *Debates críticos en América Latina. 36 números de la Revista de Crítica Cultural (1990-2008)*. Santiago de Chile, Cuarto Propio, 2008.

Rinesi, Eduardo/Viñas, David: *Espejos de colores. El concepto de América en la crítica cultural*. Buenos Aires, Manuel Suárez/La Carabela Perdida, 1992.

Riva Agüero, José de la: *Carácter de la literatura del Perú independiente*. Lima, Librería Francesa Científica Galland, 1905.

Rodó, José Enrique: *Ariel*. Madrid, Espasa-Calpe, 1975.

Rojo, Grínor: *Diez tesis sobre la crítica*. Santiago de Chile, LOM, 2001.

— *Las armas de las letras. Ensayos neoarielistas*. Santiago de Chile, LOM, 2008.

Said, Edward: *Culture and Imperialism*. New York, Knopf, 1994. [*Cultura e imperialismo*. Barcelona, Anagrama, 2004].

— *Orientalism*. Harmondsworth, Penguin, 1995.

— *Representaciones del intelectual*. Buenos Aires, Paidós, 1996.

Salazar, Gabriel: "Memoria", en *En el nombre del poder popular constituyente (Chile Siglo xxi)*. Santiago de Chile, LOM, 2011.

Saldaña-Portillo, María Josefina: *The Revolutionary Imagination in the Americas and the Age of Development*. Durham, Duke University Press, 2003.

Sánchez, Luis Alberto: "Batiburrillo indigenista" y "Punto final con José Carlos Mariátegui", en Aquézolo Castro (comp): *La polémica del indigenismo*. Lima, Mosca Azul, 1976, pp. 70 y 86.

Sarlo, Beatriz: "La izquierda ante la cultura", en *Punto de Vista*, nº 20, mayo, 1984, pp. 22-25.

— "Una sociología corrosiva", en *Clarín*, suplemento "Cultura y Nación", Buenos Aires, mayo, 1993.
— "Retomar el debate", en *Punto de Vista*, nº 55, agosto, 1996, pp. 38-42.
— "¿La voz universal que toma partido? Crítica y autonomía", en *Punto de Vista*, nº 50, noviembre, 1994, pp. 5-9.
— *Escenas de la vida posmoderna. Intelectuales, arte y video cultura en la Argentina*. Buenos Aires, Ariel, 2001.
— "Antonio Cândido: para una crítica latinoamericana", en Raúl Antelo (ed.), *Antonio Cândido y los estudios latinoamericanos*. Pittsburgh, Pittsburgh University/Instituto Internacional de Literatura Iberoamericana, 2001, pp. 35-46.
— *Siete ensayos sobre Benjamin*. Buenos Aires, Fondo de Cultura Económica, 2001.
— *Tiempo presente. Notas sobre el cambio de una cultura*. Buenos Aires, Siglo XXI, 2001.
— *Una modernidad periférica: Buenos Aires 1920-1930*. Buenos Aires, Nueva Visión, 2003.
Shakespeare, William: *The Tempest*. London, Cambridge University Press, 1957.
Sommer, Doris: *Ficciones fundacionales*. Bogotá, Fondo de Cultura Económica, 2004.
Spivak, Gayatri Chakravorty: *In Other Worlds. Essays in Cultural Politics*. New York, Routledge, 1988.
Terán, Óscar (coord.): *Ideas en el siglo. Intelectuales y cultura en el siglo XX latinoamericano*. Buenos Aires, Siglo XXI, 2004.
Tijoux, María Emilia (dir.): *La deconstrucción y el retorno de lo político*. Santiago de Chile, LOM/Arcis, 2005.
Valderrama, Miguel: "Althusser y el marxismo latinoamericano. Notas para una genealogía del (post)marxismo en América Latina", en *Mapocho* nº 43, Santiago de Chile, 1998.
Viñas, David: *Literatura argentina y realidad política*. Buenos Aires, Centro Editor de América Latina, 1982.
Walsh, Catherine (ed.): *Estudios culturales latinoamericanos. Retos desde y sobre la región Andina*. Quito, Abya Yala, 2003.
Yúdice, George: "Estudios culturales y sociedad civil", en *Revista de Crítica Cultural*, nº 8, mayo, 1994, pp. 44-53.
Žižek, Slavoj (comp.): *Ideología. Un mapa de la cuestión*. Buenos Aires, Fondo de Cultura Económica, 2004.